퀘벡 소설의 이해

퀘벡 소설의 이해

정상현

고려대학교출판부
KOREA UNIVERSITY PRESS

책머리에

…젊음이란 그런 거야. 젊음은 몸이 얼마나 버텨낼지는 전혀 고려하지 않은 채 자신의 한계를 설정하지 하지만 몸은 언제나 버텨내…

—파울로 코엘료, 〈베로니카, 죽기로 결심하다〉

1990년 이후 한국의 불어불문학계에서는 어문학 일반에서 불어불문학이 차지한 특별한 위치의 밖에서 그 지평을 넓혀 보려는 시도가 이루어졌다. 불어불문학적 인식의 지평이라 이름할 수 있을 이 시도는 외국 어문학으로서의 불어불문학에 대한 전망을 확고한 어조로 말할 수 있을 신념의 패러다임을 구축하기 위함이었다. 이 패러다임 구축의 일환으로 프랑스 문화권에 대한 연구가 불어불문학 경계의 확장영역을 가시화하였다. 하지만 프랑스 문화권이라는 포괄성이 그 한계의 국면이 되었다는 것은 부정할 수 없는 사실인 것 같다. 한때 프랑스 식민지였던 튀니지, 알제리, 모로코를 포함하는 마그렙maghreb은 프랑코폰francophone에는 속하지만, 프랑스 못지 않은 고유의 역사와 문화를 지니고 있는 국가들이었다. 프랑스어를 모국어 혹은 공용어로 사용하는 그 밖의 아프리카 대륙, 인도차이나 반도의 국가들도 프랑스란 블랙홀에 흡수될 수 없는 뚜렷한 국가 풍토가 있었다. 이들 국가가 프랑코폰임에는 분명하지만, 프랑스어를 사용하고 프랑스 풍속의 영향을 받았고 또 받고 있다는 사실만으로, 이것을 이미 입증하는 만만한 문화적 작품들을 증거물로 제시하여 프랑스란 이미지로 감싸 안는 일은 대한민국을 중국의 이미지로 슬쩍 휘감는 것과 같은 비극적이지만 희극적인 형국이 될 것임이 분명하다. 프랑스라는 통일적 유전자의 태생적 한계로 인해, 프랑스 문화권이라는 이름 아래 행해지는 이들 국가에 대한 연구가 시간적 뿌리가 약한 부분적 영향관계와 그 결과물에 한정될 수밖에 없는 이유이기도 하다. 국가적 정체성이 문화적 영향력에 압도될 수 없는 이유 또한 여기서 비롯된다.

한편, 프랑스 문화권에는 국민적 정체성과 문화적 정체성이 혼란스러운 묘한 지역이 존재한다. 이 혼란스러움으로 인하여 이 지역을 은유하는 어휘조차 모순어법의 권리를 편하게 얻는다. '대륙의 섬', '신대륙 속의 구대륙', '정복당한 정복자', 이 은유어들이 주는 느낌 그대로 이 지역은 독자성과 격리성을 본질로 한다. 고립과 소외의 현실을 통해 자유와 운명을 자양분으로 삼아 양손에 쥐려는 이곳 퀘벡은 바로 그 때문에 프랑스 문화권을 연구하는 자들에게 매력을 주기에 충분했다. 이 떨어짐은 프랑스이면서도 프랑스가 아니었고, 프랑스이고자 했으나 프랑스를 벗어나려는 그들의 자리에서 설명력을 얻는다. 그래서 연구자들의 노력은 주로 존재와 부재의 혼탁한 경계에 선 '그들의 것'을 찾기에 바쳐졌다. 프랑스가 뿌리인 '그들의 것'은 다른 프랑스 문화권 국가들과 뚜렷하게 구별되는 변별성이었으며, 새 프랑스 땅에서 사는 프랑스 사람과 그 후예들의 것에 대한 연구는 새로운 풍토와 맺는 그들의 정신사와 이세례의식이 안아야 할 존속과 변화의 가치를 보여주는 것이었기에 학문적으로 분명한 명분을 가질 수 있기 때문이었다. 우리나라에서 퀘벡에 바쳐진 연구가 주로 언어, 문학, 문화의 영역에서 시대변화의 맥락 속에서 살펴 본 퀘벡의 정체성에 대한 것인 이유이기도 하다. 이러한 시도는 또한 퀘벡의 소설이 담아낸 그들의 정신사와 문화사가 걸어 온 길과 맞닿는다.

퀘벡의 소설이 무엇인가를 말하기 위해서는 그리고 그 무엇을 이해하기 위해서는 퀘벡의 역사에 대한 이해가 반드시 동반되어야만 한다. 그것은 퀘벡 역사의 궤적을 따라 퀘벡의 소설도 함께 변화 혹은 진화·발전했다는 사실을 의미한다. 역사가 소설에 때로는 암암리에 때로는 공개적으로 나타나는 것은 소설의 진실이 어떠한 형태로든 퀘벡인의 삶과 연결되어 있으며, 이러한 연결은 어김없이 작가의 문제의식으로 드러나고 있다는 사실을 말해준다. 그래서 퀘벡의 첫 번째 소설부터 이른바 이민자 소설이라 불리우는 최근의 소설까지 이 문제의식, 구체적으로 말해서, 정체성 탐구는 소설의 운명처럼 따라다녔다. 시대의 변화에 따라 퀘벡의 소설도 변화를 거듭해왔지만, 이러한 문제의식은 변화된 미학적 탐구 속에서 계속 다시 태어났던 것이다.

세상의 질서를 따라가면서도, 자신의 질적 변화를 게을리하지 않고 항상 다시 시작하는 소설로 자리잡았던 퀘벡 소설의 몸은 이렇게 백 칠십여 년 동안 그 정신의 무게를 견디고 있다. 다양한 소설적 실험의 한 가운데서 전통의 명맥이 유지되고 있으니, 퀘벡 소설이 지닌 젊음의 힘은 강하다. 그래서 퀘벡 소설은 아직 젊다. 사실 "프랑스 문학의 꺾꽂이 가지"로 출발한 이 문학 장르가 조용한 혁명기에 와서야 진정한 창조의 기쁨을 누렸으니, 백년 이상의 자기실험의 에너지는 그 이후에는 배가될 것이 자명하다. 이 몸은 지금도 그 한계를 설정하지 않은 채 앞으로 또 얼마나 많은 에너지를 쏟아낼 것인가. 더구나 프랑스란 모델과 북아메리카 대륙적인 것 사이에 존재하는 팽팽한 긴장감을 문학적 자양분으로 삼아왔던 퀘벡에게 '규범'이란 것은 항상 복수의 차원에서 존재할 것이기 때문에, 다시 말해, 소설가들은 규범들의 대립과 충돌을 이용할 것이기 때문에 퀘벡의 앞으로의 소설적 표정은 더욱 풍요로워질 것임을 전망해 본다.

이 책은 다섯 개의 장으로 이루어졌다. 각 장은 동일한 경향을 지닌 소설들을 하나의 카테고리로 묶어 그 소설들이 탄생하게 된 역사적 · 문화적 배경을 소개하고 있다. 그리고 선택된 소설들에 대한 내용 소개와 필요하다면 간단한 분석을 담았다. 그 작가들의 이력을 간단하나마 빼놓지 않았음은 물론이다. 작가와 작품 선택에는 기준이 있다. 첫째, 퀘벡에서 프랑스어로 쓰인 소설에 한정했다. 영어로 소설을 쓴 퀘벡 작가들을 배제하는 것이 퀘벡 소설사의 전통으로 자리잡았기 때문이다. 퀘벡 지역에서 태어나지 않았지만 캐나다의 프랑코폰 작가들을 그 소설사에 포함시키는 것은 이러한 전통이 용인해 온 것이기 때문에, 가브리엘 루아Gabrielle Roy, 자크 사부아Jacques Savoie가 그 소설가 군에서 빠지지 않았다. 그리고 프랑코폰은 아니지만 프랑스어로 소설을 쓰고 출판한 이민자 작가들도 포함시켰다. 그들은 현재 신퀘벡인으로 세례를 받은 퀘벡의 프랑스계 주민들의 구성원이기 때문이다. 둘째 이 책에서 선택된 작품들 이외에도 눈여겨 보아야만 할 문제의 작품들이 많이 있는 것이 사실이다. 그 작품들을 모두 소개하는 것은 이 책의 취지에 맞지 않는 작업이라고 판단되어, 현재 퀘벡 소설사에서 보다 더 많이 조명을 받고 교육기관에서 자주 교재로 채택되고 있는 소설에 한정하였다.

퀘벡 문학사에서 '고전'의 반열에 오른, 형식과 내용의 차원에서 그 영향이 언제나 유효한 퀘벡 소설의 커다란 틀과 중요한 단면을 소개하는 것이 이 책의 목적이다. 이러한 한정은 퀘벡 소설에 입문하여 많은 관심을 가지고 연구를 지속하고 있는 필자에게 연구의 한 단계라는 의미를 부여한다. 그 문학사적 중요성에도 불구하고 이 책의 내용을 차지하지 못한 소설들과 그 분석, 소위 군소 작가로 취급을 받았던 소설가들과 그 작품 소개가 연구의 두 번째 단계가 될 것이다.

독자들이 본 텍스트의 독서를 통해서 퀘벡의 역사적 아픔이 고스란히 전해지는 퀘벡 소설을 발견하고, 때로는 프랑스 소설 이상으로 흥미가 있을 퀘벡 소설에 많은 관심을 기울여 주기를 바란다.

차례

서론

퀘벡의 소설은 19세기에 탄생했다. 그 탄생의 배경은 특수했다. 이 특수성은 다른 문학 장르와 마찬가지로 자기동일성 회복이라는 정체성의 문제를 효과적으로 제기하고 민족적 공감대를 불러일으켜야만 했던 소설의 사명감에 기인한다. 정체성 탐구가 곧 소설미학이었다. 그래서 역사가 일천했던 퀘벡으로서는 집단의 문화적 동질성을 담보하고 그 집단의 현실적 운명을 개척하도록 만들어 주는 집단 특유의 신화를 창조해야만 했다. 이 신화 창조는 물론 가공의 상상력만으로는 부족하였다. 역사가 늘 동반되었다. 피정복민의 역사적 시련에 정신적 위안을 가져다주고 나아가 그 시련을 극복하기 위한 중요한 수단으로 작용해야 할 신화는 이렇게 해서 역사의 다시 쓰기로 성립하였다. 소설의 허구적 기능이 민족적 대의라는 명분으로 탈바꿈하는 순간이다. 그러나 이 과거의 기억이 소설창조에 언제까지나 유효할 수는 없었다. 퀘벡은 변한다. 미국의 문화와 문명은 가톨릭 중심의 퀘벡 농촌에 침투하여 '순박한' 농민들을 자본주의의 이데올로기에 물들인다. 도시로 이주하는 농민들을 붙잡고 땅의 신성함을 가르치기 위해 '향토소설'이 문학의 대표주자로 나섰지만 도시화와 산업화는 난공불락이었다. 자본주의의 그늘에 선 도시의 주변인들이 이제 소설의 주인공으로 등장한다. 그러나 이 주인공은 집단을 대표한 개인이었다. 사회와 그 사회의 인간에 초점을 맞추게 될 1940년대의 소설가들은 인간, 사회 · 정치 · 미학적 차원에서 이 개인과 집단의 문제를 서술하게 된다. 즉, 사회 · 경제적 소외, 문화적 소외, 역사적 소외를 체험한 개인과 집단의 현실을 고발한 것이었다. 이와 같은 고발은 분명 인간의 해방을 겨냥한 것이었지만, 이데올로기 표현의 희생양이 된 소설 자체를 문제 삼은 것이기도 하였다. 다시 말하면 이 "이의제기의 소설roman de contestation"은 신화적 이데올로기에 천착해 있었던 프랑스계 캐나다인의 죽음을 예고하며 퀘벡인의 등장을 알리고 있었다. 퀘벡 사회의 변신에 따른 탈신화의 경향이 소설의 주제를 탈바꿈시키면서 이른바 1960년대 현대 소설 미학의 기틀이 준비된 것이다.

'조용한 혁명' 이후 소설은 분명 그 주제와 소설기법에서 혁신을 일으킨다. 허구의 공간과 시간에 한정을 두지 않는다. 유럽적인 것의 차용(특히 누보 로망의 기법)에 망설임도 없다. 문학 장르의 혼용이 이루어져 시에서 사용되는 표현법이 자주 눈에 띈다. 그래서 가독성도 떨어진다. 문체의 다양화뿐만 아니라, 여러 가지 문체가 하나의 소설에서 뒤섞이는 현상이 일어나고 있다. 이때 등장한 퀘벡인은 과거와의 단절을 꿈꾸었지만, 과거는 단절될 성질의 것이 아니었다. 과거는 전통으로 존재했고, 퀘벡인은 문학의 산물이 아닌 역사의 산물이기 때문이었다. 따라서 이 시대의 소설에서 아주 오래된 프랑스계 캐나다 소설의 특징들이 발견되는 것도 전혀 놀랄 일이 아니다. 개인과 집단의 정체성 탐구는 타인이라는 개념 아래서 지속되었고, 주알joual은 퀘벡 고유의 문학어로 공식 인정되었으며, 퀘벡의 역사가 결부되지 않고서는 이야기를 이끌어 갈 수 없는 소설의 형국이었다. 질 마르코트Gilles Marcotte의 견해처럼 "가장 현대적인 것이 가장 오래된 것이다"[1]라는 역설이 성립하였다. 이 역설은 1980년대부터 시작된 이민자 소설에서도 체험할 수 있다. 외국인 신분의 이민자들은 그들이 겪는 동일화 문제를 해결하기 위해 퀘벡 땅에 창조해야 할 신화도 없었다. 정신적 유랑자인 그들의 이야기는 '나의 본질'이란 모호하지만 오해될 수 없는 물음

1 Gille Marcotte, "Histoire du temps", *Canadian literature*, No. 86, automne, 1980, pp. 96-97.

으로 이민자 작가들의 소설 속에 제기되었다. 현실적으로 격리상태를 사는 그들의 자리는 곧 19세기 캐나다인들과 프랑스계 캐나다인들이 인고해야만 했던 '나의 본질'에 대한 증명이 유예된 자리다. 퀘벡인들이 이들에게 신퀘벡인들néo-Québécois이란 세례명을 준 것도 이와 무관하지 않을 것이다. 퀘벡은 그 역사의 시작에서부터 알 수 있듯이, '타자'[2]를 받아들이는 만큼 자기 정체성을 더욱 굳건히 할 것이다.

---

2 여기서 '타자'의 존재는 퀘벡의 기원까지 올라갈 때, 그 진정한 의미를 지닐 수 있다. 프랑스를 뿌리로 하는 캐나다인들이 신대륙에 발을 디딘 이후로 누벨 프랑스에 70,000여 명의 후손을 정착시킬 때(1760)까지, 그들은 이미 프랑스와는 낯선 자신을 발견하였다. 풍토는 완전히 달랐다. 식민지 행정은 독특한 관례와 습관을 낳았는데, 모국의 것이 아니었다. 언어도 그 지방 언어에 물들었는데, 원주민들과의 동화과정의 결과였다. 고국에 이해관계나 끈이 있었던 행정관이나 성직자가 아닌 다음에야 프랑스는 그저 멀리 있는 고향이었다. 그들은 이미 프랑스의 '타인'이었던 셈이다.

1장

소설의 좌표 1837-1895

과거로 향한 발걸음

19세기 퀘벡 지역의 주민은 약 340,000여 명에 이르렀다. 이 중 프랑스계 캐나다인들은 288,000명에 달했다. 1608년 누벨 프랑스를 건국한 이후 1760년 영국에 정복당할 무렵의 인구가 70,000여 명이었으니, 40-50년간의 인구증가는 실로 상당한 것이었다. 그러나 의회에서 수적으로 압도적이었던 프랑스계의 캐나다 당은 여러 차례에 걸쳐서 의회를 해산했던 총독 크레이그Craig와 입법 심의회에 의해 번번이 정치, 경제에 관련된 계획안을 거부당했다. 영국인의 정치적 지배권을 공고히 하기 위해서 두 캐나다[3]를 합치는 필요성이

3 1774년 프랑스계 사람들의 언어와 종교의 보장을 약속했던 퀘벡법령이 발효된 후 몇 년이 지난 1791년 미국혁명을 피해 캐나다로 온 새로운 영국

공개적으로 논의되기 시작했다. 1820년 말이 되면, 상황은 급속히 악화된다. 1834년에는, 캐나다당이 "애국당"으로 당명을 바꾸고, 정치적 주권의 획득을 주된 내용으로 한 92개의 결의안을 가결시킨다. 3년 뒤, 영국은 현 정치제도의 변용을 허용할 수 없다는 내용의 답신을 통해 "애국당"의 결의안을 거부한다. 퀘벡의 실질적인 지배권은 소수인 영국인의 손에 쥐어졌고, 의회의 다수를 차지하고 있는 프랑스계 캐나다인들은 그들의 정치적 결정 사항을 실행할 수

인들(loyalistes—충성파)의 압력에 따라, 영국계 지배 권력은 캐나다 땅을 양분하여 이 새로운 영국계 정치세력에게 그들의 공간을 주게 된다. 결국, 퀘벡은 서캐나다Le Haut-Canada와 동캐나다Le Bas-Canada로 나뉘게 된다. 서캐나다는 오늘날의 온타리오 주가 되는 지역으로, 우타우에Outaouais 강 서쪽에 위치한다. 이 지역은 온타리오 호를 중심으로 새로운 영국땅을 세우는 데 여념이 없었던 왕당파와 앵글로색슨족의 이민자들이 차지한다. 동캐나다(현재의 퀘벡의 동남부)는 파리의 관습에 젖은 프랑스인들의 지역이 된다. 프랑스계 캐나다인이 행정을 견제할 수단과 권리는 없었지만, 자신들이 다수가 된 의회를 갖게 된 것은 바로 이 1791년 헌법령Acte constitutionnel 때문이었다. 당시 사회와 경제는 전환점을 맞게 된다. 경제의 기초는 모피에서 목재로 바뀌고, 이 상황에서 많은 영국계 부르주아들이 새로운 영향력을 행사하게 된다. 대개 몬트리올에 살고 있는 이들은 서캐나다와 동캐나다의 구분에 명백한 적대감을 표출하며, 끊임없이 영국계 사람들의 상업적 현실과 이익에 맞는 법을 요구한다(토지 문제, 이민정책, 세금 부여 방식). 이것은 1774년 퀘벡법을 위반하고 있는 것뿐만 아니라, 의회의 다수인 프랑스계의 새로운 대표들의 이익에 직접적으로 상반되는 일이었다. 결국 동캐나다에서 소수당인 영국당Parti anglais과 다수당인 캐나다당Parti canadien 사이에 충돌이 일어나게 된다.

없는 상황에 놓이게 된다.

1830년대의 퀘벡은 또한 경제적으로 많은 변화를 겪는다. 세계적인 경제공황의 여파에 타격을 입었고, 경작지가 포화상태에 이르렀으며, 아일랜드인들이 대대적인 이주를 해 왔으며, 산업화가 시작되어 몬트리올이 캐나다 경제의 중심이 된다. 1865년까지 몬트리올은 상업 활동을 장려한 영국인들의 차지가 되었으며, 수많은 산업 노동자층이 몰려와 빈민가를 형성하였다.

그래서 퀘벡의 19세기는 시작부터 위기를 향해 나아갔다. 이 위기상황은 1837-38년에 절정에 다다른다. 이때는 애국당원들이 무기를 들고 반란을 일으킨 시기다. 그러나 이년간에 걸친 그들의 반란은 영국군에 의해 완전히 진압당한다. 그 결과 캐나다 통일령[4]이 반포된다. 당시 프랑스계 캐나다인들[5]이 주로 차지하고 있었던

4 1837-38년의 반란의 결과로 통합법Acte d'Union(1840)이 통과된다. 1840년 서캐나다와 동캐나다가 합쳐지면서 국가의 이중성의 문제가 생겨난다. 헌법 개혁이 제시되어, 프랑스계 사람들이 자신들의 제도와 기관을 보호할 수 있었지만, 자치권을 행사할 수는 없었다. 이후, 연방제만이 유일한 해결책인 것으로 대두된다. 일부 캐나다인 정치지도자들도 연방제가 그들의 정치적 막다른 골목에서 빠져 나올 수 있는 방법이라고 믿었다. 에티엔 파랑Étienne Parent이 이런 정치적 선택의 대표주자였다.

5 "캐나다인, 프랑스계 캐나다인, 퀘벡인"은 퀘벡의 프랑스어 사용자들의 국가적 정체성의 역사를 설명해 준다. 1608년 캐나다에 정착하여 누벨 프랑스를 세운 프랑스 식민자들은 1760년 9월 8일 영국에 항복한 후 스스로

동캐나다의 주민수가 200,000여 명이 더 많았음에도 불구하고 의회는 동수의 두 캐나다 의원들로 구성된다. 실질적인 정치적 지배는 영국계의 서캐나다로 넘어간 것이다.

프랑스계 캐나다인들을 계속해서 궁지로 내몬 이러한 정치 · 경제적 상황 속에서, 가톨릭 교회는 전 퀘벡 사회에 막강한 영향력을 행사하게 된다. 1760년의 영국정복 이후, 수적인 면에서 계속적인 감소 추세에 있었지만, 1840년 이후에는 성직자와 가톨릭 공동체의 실제 수가 급속도로 증가한다. 이러한 증가는 신자들에 대한 교회의 영향력이 증대되었기 때문이었다. 세속 권력과 연합한 교

를 캐나다인이라고 규정한다. 이러한 호칭은, 1764년 파리 조약, 1774년 퀘벡 헌장, 1791년 헌법령, 1840년 통일령으로 인해 영국 식민지 체제의 정치적 위상이 바뀌어 감에 따라, "미개인"의 이미지를 고스란히 간직하고 있었던 아메리카 인디언과 새로운 정복자 영국인들과 구별되기 위해서 사용되었다. 1840년 두 캐나다를 하나로 합치는 통일령의 제정으로 인해 궁지에 몰린 캐나다인들은 정치적 독립국가 건설의 꿈이 희망적이지 않다는 생각 하에 바로 이 시기부터 자신들을 프랑스계 캐나다인이라고 부르기 시작한다. 바로 이러한 프랑스계 캐나다인이라는 정체성을 통해 약 한 세기 동안 사회와 여러 제도와 기구들이 발전하게 된다. 프랑스계 캐나인들은 20세기부터 대두된 미국의 정치 · 경제적 자유주의의 물결을 피할 수 없었다. 1930-40년대에 이르면, 도시화와 산업화를 특징으로 하는 현대사회와 전통적이고 가톨릭적인 특징을 고무하는 프랑스계 캐나다인의 정체성 사이의 거리는 점점 축소된다. 이차 세계대전 이후에는, 전통적인 프랑스계 캐나다인의 보수성은 막다른 골목에 봉착한다. 이렇게 해서 자유주의와 민주주의를 꿈꾸는 퀘벡인들이 '조용한 혁명기'에 탄생한다.

회는 사회 안정의 증거처럼 복종을 설교하였고, 다가올 세기의 퀘벡 사회를 가리키게 될 생존을 위한 새로운 국가주의의 대변인이 된다. 교회로서는 이런 식의 생존을 통해 종교와 언어(프랑스어)와 프랑스계 캐나다인의 제도를 보존할 수 있다고 믿었다. 교회는 청년연합과 문인협회를 조직하고 지휘하였으며, 연극, 무용, 문학에 대한 검열을 적극적으로 이행했다. 정치권력에 대한 교회의 영향력은 엄청났으며, 특히 몬트리올 주교이자, 교황에게 절대적인 충성을 설교하고, 국가에 대한 교회의 우위를 강조하는 이른바 '교황지상권주의'의 선두주자였던 이냐스 부르제Ignace Bourget주교의 정치적 지배력은 막강했다. 정치적 민주주의와 자유주의적 경제활동이 내포하고 있는 위험성에 불안을 느낀 교황지상권주의 신봉자들은 프랑스계 캐나다인들이 각 교구의 사제의 보호 아래 농업에 헌신하기를 바랐다.

프랑스계 캐나다의 소설

애국당 반란의 실패 이후, 캐나다인들의 정치적 독립국가의 꿈은 종말을 고하게 된다. 1838년 총독으로 부임 한 더럼Lord Durham 경은 식민지 현황 《보고서*Rapport Durham*》에서, 이 프랑스의 후예들은 한 국민의 정신과 마음을 고양시킬 수 있는 모든 것을 다 잃은, 한마디로 국민적 정체성을 상실한 "역사도 문학도 없는" 민족으로 폄하한다.

프랑스어권 사회에서 캐나다의 비약을 막는 무기력해진 문화적 그룹을 보았던 더럼 경의 《보고서》에 위기의식을 느낀 캐나다인들의 정치 지도자들은 프랑스어권 사회의 유대를 강화할 수 있는 또 다른 국가의 개념이 필요하였다. 정치적 색깔보다는 풍습, 법, 언어, 종교 등 문화적인 제도가 압도하는 국가적 정체성이 요구되었던 것이다. 이질 문화를 수용하여 이에 동화된 과거를 지니고 있다할지라도, 새로운 국가 개념은 프랑스계 캐나다인들로 하여금 고유의 문화를 소유하고 있으며, 문명화되고 동질적인 국가를 건설할 수 있는 역량의 소유자라는 사실을 알리는 데 유리한 조건이 될 수 있기 때문이기도 하였다. 새로운 국가적 개념은 부르제 주교에 의해서 고안된다. "국적을 성립시키는 것은 국경도 법도 정치적 행정권도 시민적 행정권도 아닙니다. 그것은 한마디로, 종교요, 언어며, 국민성입니다. 우리가 영국 정치인의 관점에서 존중받을 대단한 그 무엇이라면, 우리가 바로 가톨릭을 믿고 프랑스어를 말하기 때문입니다." 프랑스계 캐나다인들의 문학운동은 이러한 역사적 배경을 가지고 태어난다. 소설이란 장르도 이러한 역사적 사명감을 안고 시작된다.

이렇게 해서 "국민의 영광", "조국의 영예", "국적이라는 조상들의 유산"이 발아하기 시작하는 퀘벡 소설의 주제가 된다. 국가적·국민적 생존의 위기에 처한 19세기 프랑스계 캐나다 사회의 열망을 대변하는 이 주제는 기원으로서의 과거의 것, 현재의 어두움과 희망을 포함한다. 이 꿈과 현실을 소설 속에 간직하기 위해서는 현재와 전통과의 충돌을 지양하고, 망각 속에 응축되어 있는 과거를 역사의 현재 속에 끌어올려야 한다. 소설은 자신이 꿈꾸는 이상의 자양분을 역사에서 받으며, 과거의 기억으로 상상 속의 사회를 증거한다. 문학의 본질인 창조의 과정을 19세기 퀘벡 소설은 역사를 반영하는 작업과 역사를 다시 만드는 일로 실현하는 것이다. 기원을 알리는 전설과 신화와 유토피아가 들어설 자리가 이렇게 해서 확보된다. 프랑스계 캐나다의 초기 소설은 구전민담, 민중가요, 전설 등 조상 전래의 문화적 전통의 토양 위에서 성립하게 되는 것이다. 이를 확인하기 위해서는 퀘벡 최초의 소설인 가스페 2세 Gaspé le fils의 《책의 영향*L'influence d'un livre*》을 열어보면 될 것이다. 독자는 민간 설화의 세계로 빠져 들어가는 자신을 볼 수 있다.

정신과 내용 면에서 이미 캐나다적이었던 《책의 영향》은 소위 '농촌소설'을 통해 그 이데올로기적인 목표가 완성된다. 《아버지의 땅*La terre paternelle*》, 《샤를 게랭*Charles Guérin*》, 《장 리바르*Jean Rivard*》가 장수를 약속하는 문학 장르의 길을 연다. 누벨 프랑스의 영광을 노래하게 될 역사소설, 풍속소설, 모험소설들이 풍부한 사회학적 언어학적 지식을 동반하여 이 작품들의 뒤를 잇는다. 《1812년의 약혼자들*Les fiancés de 1812*》, 《삼림주민과 탐험가들*Forestiers et Voyageurs*》, 《자크와 마리*Jacques et Marie*》는 그 좋은 예가 될 것이다.

환상적인 내용을 소재로 하여 출발한 프랑스계 캐나다의 소설은 1860년대에 이르면 카스그랭Henri-Raymond Casgrain사제와 그 그룹에 의해서 그 방향의 이데올로기가 설정된다. 농촌생활과 영국정복 이전의 영웅적인 과거 이야기를 찬양하면서 프랑스어와 종교 수호에 전력을 다하는 가톨릭 문학의 독트린이 그것이다. 이른바 애국을 일깨우는 종교적 로망주의의 경향이 소설 속에 나타나기 시작한다. 가스페 1세Gaspé le père의 《옛 캐나다인들*Les anciens canadiens*》은 카스그랭이 바랐던 소설의 이상주의적 모델이 함축된 전형적인 작품이다. 그러나 종교적 로망주의의 구속에서 벗어난 작품도 있다. 로르 코낭Laure Conan의 《앙젤린 드 몽브룅*Angéline de Montbrun*》은 가톨릭의 위임장을 교묘하게 거부한 그 시대의 소설이었다. 프랑스계 캐나다의 정치적 · 문화적 의미를 담은 소설이라 명명할 수 있는 마지막 소설은 가톨릭의 문학적 프로그램을 적극적으로 수행한다. 쥘-폴 타르디벨Jules-Paul Tardivel의 1895년 소설 《조국을 위하여*Pour la patrie*》는 기적이 이야기를 이끄는 전투적인 기독교 소설이다.

이 시기의 주요 소설가와 대표 작품

■ **Philippe-Ignace Aubert de Gaspé, fils**1814-1841

필리프 이냐스 오베르 드 가스페는 1814년 퀘벡 시에서 태어났다.

그는 《옛 캐나다 사람들*Les anciens canadiens*》이란 유명한 소설을 쓴 필리프-조제프 오베르 드 가스페Philippe-Joseph Aubert de Gaspé의 아들이다. 1830년대에는 야당을 대변했던 잡지인 《르 카나디앙*Le Canadien*》과 《퀘벡 머큐리*Québec Mercury*》를 위해 의회 특파원으로 종사했다. 정직하지 못한 기사를 썼다고 고소한 한 의원과 언쟁을 벌인 그는 1835년 한 달간의 징역형을 언도받는다. 그 이듬해에는 그와 유사한 사건으로 체포될 위험에 처하자, 아버지의 저택이 있는 생-장-포르-졸리Saint-Jean-Port-Joli로 피신한다. 바로 이곳에서 퀘벡의 첫 소설로 평가받은 《책의 영향》(1837)이라는 작품을 집필한다. 1837년 9월, 애국당원들의 반란이 있기 전날에 출판된 이 작품은 프랑스계 캐나다인들의 이익 옹호에 힘썼던 토머스 에일윈Thomas C. Aylwin에게 헌정된다. 1840년에는 아카디의 비극을 상기시키는 핼리팩스Halifax에서 교편을 잡았으며, 다시 의회 특파원 생활을 하게 된다. 1841년 3월 7일 생을 마감한다.

책의 영향

L'influence d'un livre, 1837

프랑스계 캐나다의 첫 소설 작품인 《책의 영향》은 풍속소설이자 역사소설이며 환상소설이다. 처음의 두 경향과는 모순되는 이 소설의 환상성은 환상적인 모험을 이야기하며 수많은 전설을 담고 있는 그 내용에서 확인된다. 사탄과의 교감을 위해 이용되는 검은 닭의 전설, 보물이 숨겨진 장소를 찾아낼 수 있는 마법의 손에 대한 전설, 신성모독을 목적으로 동물로 변신하는 라브라도르 인간의 전설 등이 그것이다. 이와 같은 전설과 함께 작품 전체는 사랑 이야기, 민간전승 이야기 등으로 구성되어 있다. 이러한 단편적 구성은 작가가 이 작품에서 겨냥한 풍자의 틀 안에 흡수된다. 작가는 샤를 아망Charles Amand의 금을 제조하겠다는 야망을 통하여 퀘벡의 빈곤한 정신을 풍자한다. 순진한 농부인 샤를은 알베르 르 그랑Albert le Grand의 민간전승 연금술을 다룬 마술 책에 매혹된다. 그는 이 책이 전하는 마술 비법을 이용하여 부를 꿈꾼다. 《책의 영향》이란 제명은 바로 여기에서 비롯된다. 엉뚱하고 터무니없는 이야기들이 이 소설의 환상적 특징을 구성하고 있다면, 다른 한편, 실제 사건과 함께 아들이 아버지로부터 전해 들은 풍속들과 일화들의 소개는 소설의 역사성을 증거하고 있다. 예를 들면 제8장에서 주인공이 마녀 놀레 드 보몽Nolet de Beaumont을 방문하는 이야기는 1806년 아버지 가스페의 추억을 소설로 옮겨 놓은 것이다. 이 노파는 1819년 죽었기 때문에, 아들 가스페가 직접 그 사실을 확인할 길이 없었을 것이다. 1829년 생-장-포르-졸리에서 실제로 일어났던 살인사건의 장본인인 한 사기꾼을 퀘벡에서 교수형에 처하는 사건의 기록 또한 소설의 역사성을 더해 준다. 그러나 아버지의 추억과 작품 《옛 캐나다인들*Les anciens canadiens*》(1863)의 내용이 이 소설에서 확인된다는 사실만으로 아들 가스페로부터 퀘벡의 첫 소설가라는 타이틀을 박탈할 수는 없을 것이다. 오히려 이와 같은 내용의 교차는 아버지의 과거의 개인적 경험을 강조함으로써, 소설의 사실성을 높이는 결과를 가져오는 것이다. 한편 경험에 의거한 이러한 사실적 이야기는 사가들이 역사서에 기록할 수 없는 소중한 기억의 자산이며, 역사의 주인공들의 활약만을 담고 있는 역사서를 보충하고 완성할 수 있는 기록물이 될 수 있다. 그래서 과거에 구전된 전설과 민담 그리고 이러한 경험적 사실을 이야기하고 있는 이 작품은 백성들의 정신과 마음속에서 셀 수 없이 많은 구전전통의 보물들, 과거의 침전물, 현재의 경험들을 발견하게 해준다. 심도 있고 지속적인 움직임들, 집요하고 모호한 저항들, 한마디로 위대하고 신비스러운 역사적인 역량이 나오는 곳은 바로 이 민중들, 충실하고 신중하고 부지런하고 도처에 있는 이 민중들이다. 사가에게 인간을 이해하고 사건을 알게 만드는 것은 바로 백성의 학문, 백성이란 실체의 학문인 것이며, 따라서 이러한 소설을 통해 퀘벡의 독자들은 과거의 유산을 간접적으로 접할 수 있었던 것이다.

■ Joseph Doutre1825-1886

조제프 두트르Joseph Doutre는 1825년 3월 11일 퀘벡 주의 보아르누아 Beauharnois에서 태어났다. 변호사이자 《미래*L'Avenir*》지의 편집장이었으며 몬트리올 캐나다 앵스티튀L'Institut canadien de Montréal의 회원이었다. 젊은 시절부터 자유주의적인 정치 색깔을 지녔던 그는 법과 정치 분야에서 이력을 쌓아 나갔다. 그의 문학적 스승이었던 외젠 쉬Eugène Sue의 영향을 받은 그는 소설작품과 잡지 기고문을 통해 프랑스계 캐나다인들의 편견과 무지 그리고 무기력함을 고발하며 투쟁에 나섰다. 종종 위선적이고 형식적으로 타락해 가는 종교와 그 불관용성에 대항하기도 하였다. 그의 이러한 정치적 이력에 작가적 명성이 묻히기도 하였지만, 그는 작가로서의 문학적 신념을 대중들에게 선포하기도 하였다. 그의 문학적 야망은 오로지 동포들을 위해서만 문학적 자질을 펼치는 것이었다. 하지만 사회적 관점에서 대단히 현대적이었던 그의 사상은 독자들의 감성과의 충돌을 피할 수 없었기 때문에, 그 야망은 현실적인 결실을 거둘 수가 없었다. 수많은 저술과 작업과 투쟁으로 점철된 인생을 살아온 그는 1886년 2월 3일 몬트리올에서 사망한다.

1812년의 약혼자들

Les fiancés de 1812, 1844

두트르는 열아홉 되던 해인 1844년에 이 소설을 집필하였다. 그는 작품의 서문에서 퀘벡문학의 무기력한 상황을 한탄하며 외국서적만을 존중하고, 캐나다인들이 쓴 작품에 대해서는 편견과 반감을 가진 동포들을 비난한다. 비록 그가 작품의 서문에서 혼수상태에 빠진 캐나다 문학을 일으키겠다고 공언을 했지만, 이 소설은 캐나다 문학에 활력을 줄 수 있었던 작품이 되지 못하였다. 아직까지 경험이 없고 성숙하지 않은 작가의 문체와 구성이 드러나는 청년의 작품이었던 것이다.

애국당 반란의 실패 이후 출판된 《1812년의 약혼자들》은 1812년 캐나다와 미국과의 전쟁을 배경으로 한 역사소설을 표방하고 있지만, 역사적 사실은 사랑과 모험 이야기를 연결해 주는 끈의 역할에만 그친다는 인상을 줄 정도로 소설의 내용 중 적은 부분을 차지하고 있다. 서문에서 몇 가지 역사적 사건만을 소설에 소개하겠다는 작가의 의도대로, 캐나다 군의 대령인 공잘브Gonzalve와 그의 애인인 루이즈Louise 사이의 사랑 이야기가 소설의 길잡이 실 역할을 하는 가운데 제1부 10장과 12장에 와서야 이 소설의 역사적 배경이 된 1812년 캐나다와 미국과의 전투 장면을 접할 수 있다. 사실 작가가 역사에 천착하지 않았던 것은, 소설의 교훈적이고 풍자적인 기능을 우선시했기 때문이다. 두트르는 대부분의 풍속소설에서 접할 수 있는 이타성異他性의 문제를 비교적 강한 어조로 표현하고 있다. 루이즈의 아버지는 이웃인 공잘브의 아버지가 귀족인 사실에 매우 질투를 하고 있고, 루이즈는 이 이웃 주인의 아들 공잘브와 사랑에 빠진다. 샤토게Châteaugay 전투에 이은 작가의 찬양 일색인 코멘트는 공잘브의 용기와 혁혁한 전과를 강조하는데, 여기에는 두 가지 목적이 있었다. 하나는 약혼자인 루이즈에게 공잘브의 명예와 위신을 드높일 수 있는 기회로, 다른 하나는 이 기회를 통해서 질투에서 비롯된 두 이웃 간의 반목을 예비 장인과 화해함으로써 끊겠다는 목적이 있었던 것이다. 작가는, 한편, 이 이타성의 문제를 해결할 수 있었던 사랑 이야기를 진행시키면서 종교적 불관용성을 고발한다. 그러나 당시 퀘벡 사회를 유지하기 위해 지배 이데올로기로 우뚝 선 가톨릭의 권력에 대항했다는 이유로 이 작품은 부도덕하다는 비판을 면치 못했다. 그가 공동 집필자로 활약했던 《종교적 잡문*Mélanges religieux*》지는 《1812년의 약혼자들》에 대해 이러한 평가를 내린다. "아버지가 자식에게 이 책의 독서를 금하고, 이 책을 읽기 시작한 여인은 부끄러워 얼굴이 붉어지고 멀리 내던져 버리지 않을 수 없는 몹시 비도덕적인 작품이다." 두트르의 이러한 급진적인 사상은 당시 패배주의적인 사회 분위기를 고발하려는 의도하에 나타났던 것으로, 후대의 비평가들은 이 소설을 권력의 자장을 견뎌내며 당시의 사회 풍속을 진실되게 묘사한 작품으로 손꼽는다.

이렇게 해서 이 소설은 그 후에 쏟아지게 될 역사소설이 그러했듯이, 작가의 옛 문헌자료에 대한 지식의 활용이 돋보였으며 여기에 그의 문학적 창작력이 더해져 주목할 만한 작품이란 평을 받았다. 이렇게 해서 역사소설 혹은 풍속소설로서 생명력을 유지할 수 있었던 이 소설은 1893년 출판된 오귀스트 포르티에Auguste Fortier의 소설 《몬트리올의 미스터리*Les mystères de Montréal*》의 모델이 된다.

■ Patrice Truillier(dit Lacombe)1807-1863

파트리스 트뤼리에, 일명 라콩브는 1807년 2월 20일 퀘벡 주 라크-데-되-몽타뉴Lac-des-Deux- Montagnes에서 태어났다. 1816년부터 1825년까지 콜레주 드 몬트리올에서 수학했다. 이 시기부터 문학적 재능을 선보인 그는 라틴어 번역과 라틴어 웅변대회에서 일등상을 차지했다. 1830년 공증인 자격을 획득한 그는 이년 뒤 생-쉴피스Saint-Sulpice 교단 신부회에서 투자알선 대행업자로 일했다. 1835년 과부였던 레오카디 부셰Léocadie Boucher와 결혼했지만, 자손을 남기지 못했다. 1863년 7월 6일 몬트리올에서 사망한다.

아버지의 땅

La terre paternelle, 1846

이 작품은 먼저 1846년에 《르뷔 카나디엔*Revue canadienne*》의 〈문예 음악 앨범L'Album littéraire et musical〉에 발표되었다. 이년 뒤 제임스 휴스턴James Huston이 《국민 총람*Répertoire national*》에 수록함으로써 오늘날의 명성을 획득하게 된다.

조상으로부터 비옥하고 넓은 땅을 물려받은 장 쇼뱅Jean Chauvin은 아내와 세 아이와 함께 평화롭고 행복한 삶을 보낸다. 그러나 둘째 아들 샤를Charles이 모피 장사를 하기 위해 농촌을 떠나자 쇼뱅씨 일가의 비극이 시작된다. 첫째 아들 브도Bedeau가 이 둘째의 길을 따를까 염려가 된 아버지는 첫째에게 땅을 물려주기로 결심한다. 그러나 땅의 증여에 대한 아버지의 몇 가지 요구를 첫째가 받아들이지 않자 아버지와 아들 사이에 알력이 생기기 시작한다. 증여는 자동적으로 취소가 되지만, 놀고먹는 생활에 맛을 들인 쇼뱅씨는 다시 농부의 길을 걷지 않고 도시에서 장사를 하기 위하여 땅을 임대하기로 결심한다. 하지만 그의 사업은 실패로 돌아가고 땅은 외국인에게 팔린다. 도시에서 10년간 가난하고 불행한 삶을 보내다가 쇼뱅씨는 물장수가 된다. 아버지와 함께 물수레를 끌던 첫째 아들이 죽는다. 그는 돈이 없어 아들을 묻어 주지 못하고 시체안치소에 방치한다. 정신적으로, 육체적으로 심한 고통을 겪고 있을 이때, 둘째인 샤를이 돌아와 아버지의 땅을 다시 산다. 전원으로 되돌아온 쇼뱅씨 가족은 행복과 건강을 되찾는다. 샤를과 이웃 농부의 딸 마르그리트Marguerite가 결혼을 하고 많은 자식을 낳는다.

이 소설은 전원에 대한 이상주의적인 개념에 기초하고 있다. 농부는 땅을 일굼으로써 행복을 보장받을 수 있다. 땅을 벗어나서는, 어떤 구원도 받을 수 없다. 조상들이 일구어 온 땅을 소중하게 지킬 때 지상에서의 행복에 도달할 수 있고 모든 종류의 가난과 불행은 도시에서 생산된다는 것이 이 작품이 주는 교훈인 것이다.

이 소설은 퀘벡에 지역주의 문학을 열었다는 점에서, 향토소설이란 타이틀을 얻으며 그 문학사적 의의를 가진다. 당시 소설가들이 프랑스 소설가들의 문체를 따라가는 데 훌륭한 재주를 보이고 있었지만, 라콩브는 "체념과 인내로 가장 심한 역경을 견디고 있었던" 이 지역주민들의 "단순하고 순수한 풍속"을 묘사하고 있다. 활기차고 독창적인 문체는 아니지만, 작가의 묘사는 정확하고, 작가의 세심한 주의를 느낄 수 있을 정도로 장면 하나하나에도 생동감이 넘친다. 여행객들이 묶는 여인숙, 교회 문 앞에서의 경매 장면, 생-로랑 지역의 지저분하고 더러운 집들의 사실적 묘사 등이 그 증거다.

■ Pierre-Joseph-Olivier Chauveau1820-1890

시인이자 소설가이며 수필가이자 역사가였던 피에르-조제프-올리비에 쇼보는 1820년 5월 30일 퀘벡 시에서 태어났다. 그는 퀘벡 시의 신학교에서 수학을 한다. 1841년에는 변호사가 되었으며, 1844년에는 퀘벡 시에서 국회의원으로 선출되어 1855년까지 의회 활동을 하였다. 1851년에는 장관으로 임명되었고, 1855년에는 퀘벡 주 교육총감으로 임명되어 1867년까지 총감직을 수행하였다. 1867년에는 퀘벡 주 수상으로, 1873년에는 상원의원으로 활동하였다. 1878년에는 몬트리올 소재 라발대학 법과대학 교수로 재직하기도 하였다. 쇼보는 1890년 4월 4일 사망한다.

샤를 게랭

Charles Guérin, 1846

《샤를 게랭》은 라콩브의 《아버지의 땅》이 발표되었던 해인 1846년 2월부터 《르뷔 카나디엔》의 〈문예 음악 앨범〉에 연재되었다가, 1847년 3월 연재가 중단된다. 5년 뒤, 조르주-이폴리트 셰리에Georges-Hippolyte Cherrier라는 사람이 쇼보의 수고본을 사서 1853년 단행본으로 출판한다. 라콩브의 소설이 소설적 영감이 부족하고 고전적인 문장을 사용하고 있는 반면, 이 소설은 풍부한 소설적 상상력과 로망주의적 감흥이 넘쳐난다. 발자크의 소설 형식을 따른 이 소설에서 작가는 캐나다의 풍속과 자연을 구체적으로 묘사함과 동시에, 1830년대 프랑스계 캐나다인들이 처해 있었던 힘겨운 상황을 말하고 있다. 프랑스계 젊은이들이 사회적 성공을 위해서 강박관념처럼 지니고 다니는 단 하나의 낱말은 박사학위다. 의학, 법학, 신학 분야에서 박사학위를 취득하여 의사, 신부, 공증인, 변호사가 되어야만 사회적 구원을 받을 수 있었던 당시의 사회 상황은 소설 속에 그대로 반영된다. "무엇을 할 것인가?" 소설은 과부인 게랭 부인의 두 아들 피에르Pierre와 샤를Charles이 던지는 이 같은 질문으로 시작한다. 부자였다면 아무런 의미가 없었을 이러한 질문에 생산적인 대처를 하기 위해서 공부를 시작했지만 우리의 두 주인공들이 전공한 분야는 고전문학이라 사회적 성공은 도달하기 어려운 이상이었다. 생존을 위해서 그들은 다른 것을 선택해야만 한다. 한편 게랭 가족은 와그나에르M. Wagnaër라는 외국인에게 토지를 빼앗긴다. 그래서 조상 대대로 뿌리를 내린 삶의 터전을 잃어버린 게랭 가족은 대다수의 농부들에게 비참한 생존을 안겨 주었던 도시로 밀려나야만 했다. 그러나 게랭 가족의 드라마는 한 가족의 드라마가 아니라 조국을 빼앗긴 전 프랑스계 캐나다인들의 비극을 상징한다. 제한되어 있는 그들의 직업과 공동체적인 삶의 풍요로움을 확보하기 위해 정부의 모든 요직과 상업을 독점하고 있는 영국인들에게 맞서 프랑스계 캐나다인들의 투쟁이 시작되는 것은 바로 이때부터다. 그들에게 남아 있는 일이라고는 농업뿐이고, 게다가 옥토도 수탈당한 상황에서, 젊은 캐나다인들이 자신들의 야망을 실현하기 위해서 시도한 것은 돈을 벌기 위해 고국을 떠나거나 권력자와 어울리는 일이었다. 젊고 혈기왕성한 애국자인 장 기보Jean Guilbeault가 제안한 것처럼, 모든 길이 차단당한 상태에서 속박의 노예로 지내는 것보다는 새 고장을 건설하는 것이 그들의 꿈을 실현할 수 있는 왕도일지도 모른다. 샤를 게랭은 기보의 말을 좇아 함께 "타운십Townships"이란 고장을 만든다. 이곳에서의 산업과 상업 활동의 주인은 그들이고, 주민들은 더 이상 착취당하지 않으며, 조상들의 전통적인 미덕과 풍속은 이 지역에서 아무런 방해도 받지 않고 영속될 수 있을 것이다.

프랑스계 캐나다인들의 용기를 진작시킬 수 있었던 이 작품을 통해 쇼보는 동시대 최고의 산문작가라는 평을 받았으며, 시대의 사회적 · 정치적 상황을 소설에 담은 작가의 전략적 글쓰기는 차후 문학 작품의 생산 방향에 결정적인 기준이 될 것이다.

■ Antoine Gérin-Lajoie 1824-1882

1824년 8월 4일 야마시슈Yamachiche에서 태어난 제랭-라주아는 니콜레Nicolet의 신학교에서 수학했다. 1842년 이 신학교에서 추방당한 애국당원들에 경의를 표하는 《떠도는 캐나다인*Un Canadien errant*》이란 시를 쓴다. 1844년에는 캐나다의 첫 비극작품인 《청년 라투르*Le Jeune Latour*》를 집필한다. 법 공부를 시도했지만, 기자 직과 공무원 직을 수행하기 위해서 포기한다. 1851년 《정치적 교리문답*Catéchisme politique*》을 출판한 그는 이듬해 《라 미네르바*La Minerve*》지의 퀘벡의 국회 특파원으로 일하면서, 입법의회에서 번역가로서의 직무를 수행한다. 1861년에는 《수아레 카나디앵*Soirées canadiennes*》지 창간에 참여한다. 창간에 같이 참여했었던 조제프-샤를 타셰Joseph-Charles Taché와 언쟁을 벌인 후 《르 푸아예 카나디앵*Le Foyer canadien*》지를 창간한다. 1879년 모든 공직을 뒤로 한 그는 1882년 오타와에서 자신의 생일 날 사망한다.

개간자, 장 리바르

Jean Rivard défricheur, 1862

경제 전문가, 장 리바르

Jean Rivard, économiste, 1864

19세기에 발표된 모든 퀘벡 소설 중에서 《장 리바르*Jean Rivard*》(1862-1864)는 오늘날까지 나온 24판 이상의 판수로 판단해 볼 때, 《옛 캐나다인들》 다음으로 가장 큰 성공을 거둔 작품이다. 《개간자, 장 리바르》는 1862년 《수아레 카나디엔》에 《경제 전문가, 장 리바르》는 1864년 《르 푸아예 카나디앵》에 각각 연재되었는데, 이 두 소설은 "돈에 구애받지 않고 고향의 명예를 으뜸으로 삼으며 살아갈 줄 알았던 한 가난한 청년의 소박하고 진실한 이야기"를 말하고 있다. 《개간자, 장 리바르》에서 주인공 장 리바르는 고된 일을 마다하지 않고 확고한 태도와 용기를 발휘한 끝에 브리스톨Bristol이라는 이름의 새로운 지역 사회를 연다. 곧이어 새로운 식민지 개척자들이 그와 합류하고 이들은 이 지상 낙원에서 행복을 되찾고 성공을 거둔다. 《경제 전문가, 장 리바르》는 이 새로운 개척지에서의 주인공의 사회생활에 초점을 맞추고 있다. 지역 주민들의 신뢰와 사랑을 받은 장 리바르는 그가 새롭게 건설한 시인 리바르빌Rivardville의 시장에 선출되고, 그 이후 입법의회의 의원으로 당선된다. 그러나 그의 의원 활동은 정치생활에 대한 망상을 깨우쳐 준다. 15년간의 정치생활을 마치고 견실한 농부로 돌아온 그는 육체적 노동과 정신적 숙고를 통해 그의 고장을 기쁨과 건강한 삶이 있는 곳으로 재창조한다. 그의 입지전적인 성공과 땅으로의 회귀는 모든 프랑스계 캐나다인들에게 희망의 빛과 구원을 상징하고 있음은 물론이다.

퀘벡의 19세기는 산업화가 막 일어나던 시기였다. 공장에서 일을 하는 것은 땅을 일구는 것보다 고된 일을 덜하고 보다 많은 돈을 벌 수 있는 기회를 의미하였다. 그러나 대부분의 공장들은 미국에 있었고, 그래서 1830년부터 1930년 사이에 백만 명 이상의 퀘벡 주민들이 미국으로 떠났다. 국부의 창출에 절대적인 노동력의 유출을 저지하기 위한 사명감에서, 제랭-라주아는 자유롭게 직업을 선택할 권리도 없었고 영지마다 넘쳐나는 인구로 생활고를 겪어야만 했기 때문에 농촌에서 도시로 혹은 미국으로의 이주를 꿈꾸었던 프랑스계 캐나다인들에게 작품을 통해서 진정한 의미의 행복과 애국주의를 가르쳤던 것이다.

19세기 중엽 국민적 문제를 해결하기 위해서 쇼보가 《샤를 게랭》의 에필로그에서 채택하였던 해결책을 발전시키고 있다는 점에서 이 소설은 《샤를 게랭》과 비교되고 있지만, 문체와 줄거리, 즉 미국화의 유행에 젖은 프랑스계 캐나다인들에게 땅의 소중함을 일깨우는 내용은 20세기 초 루이 에몽Louis Hémon의 소설 《마리아 샵들렌*Maria Chapdelaine*》을 예고하고 있다.

■ Philippe Aubert de Gaspé, père 1786-1871

필리프 오베르 드 가스페는 1786년 10월 30일 퀘백 시에서 태어났다. 1798년부터 1806년까지 퀘백 시의 신학교에서 수학한다. 1811년 변호사가 된다. 문화, 스포츠, 재정에 관련된 수많은 시위운동에 참여한 그는 1809년 퀘백문예협회의 부회장으로 선출되고, 1815년에는 자키 클럽Jockey Club의, 1818년에는 퀘백 은행의 설립 멤버가 된다. 1804년부터 퀘백 시 방위군 중위, 대위, 소령을 지냈으며, 1816년에는 퀘백 시 지구장이 된다. 공금횡령이 인정되어 공직을 박탈당한 그는 생-장-포르-졸리Saint-Jean-Port-Joli의 저택에서 칩거한다. 아들인 필리프-이냐스의 《책의 영향》의 집필을 도와준 것이 바로 이 시기이다. 부채를 갚지 못해 1839년부터 1841년까지 옥살이를 했으나, 1842년 풀려나 퀘벡으로 돌아와 여생을 보낸다. 그는 이곳에서 역사가이자 시인인 프랑수아-자비에 가르노François-Xavier Garneau와 친분 관계를 맺으면서 76세 되던 해인 1863년에 《옛 캐나다인들》로 문학적 이력을 시작하게 된다. 1871년 1월 29일 사망한 그는 생-장-포르-졸리 교회에 안장된다.

옛 캐나다인들

Les anciens canadiens, 1863

《옛 캐나다인들》은 풍속소설이자 역사소설이다. 소설의 소재가 되고 있는 환상적인 전설과 신화적 이야기를, 작가는 캐나다인의 삶이 지니는 독자성과 영국과의 7년 전쟁 중에 일어난 몇몇 에피소드 즉, 역사를 자연스럽게 얽어 놓고 있다. 일반 백성들의 삶과 뒤섞인 영주들의 삶이 소설의 여러 군데서 그려지고 있으며, 소박한 민중풍습이 진실되게 묘사되고 있다. 아버지 조세José가 선하고 늙은 종의 전형으로 소개되고 있다면, 다베르빌D'Haberrville씨와 그의 아들 쥘Jules은 프랑스 구체제의 영주를 대표하고 있다. 그러나 영주의 입장에서 소작인들은 착취의 대상이 아니라 인간적인 온정의 대상이며 그래서 그들 사이에는 친절함과 존경과 헌신의 감정이 오고 간다. 이들의 겸손하고 활기찬 삶을 통해서 작가는 옛 캐나다인들의 진정한 이미지를 독자에게 보여 주려고 했던 것이다. 그 시대의 진실성과 함께 작가가 독자들에게 독서의 기쁨을 주려 한 것은 물론 이것만이 아니다. 생-토마Saint-Thomas의 영주인 보몽Beaumont씨 집에서 저녁을 먹으면서 마르슈테르Marcheterre 대위가 이야기 해주는 해빙 장면, 생-장-포르-졸리의 다베르빌씨의 정원에서 나무를 심는 오월 축제 장면—영주와 소작인이 한 식탁에 모여 누벨 프랑스 시절의 민중가요를 부르며 활기 넘치고 솔직한 이야기를 털어 놓는 회식 장면은 인간의 형제애를 쾌활하게 느끼게 해 준다—, 오를레앙 섬 무당들의 강령술, 라 코리보la Corriveau의 야간 산책, 주민들의 의상 묘사, 민중들의 독특한 어투와 정신으로 가득 찬 대화 등이 작품 전체에 흩어져 가장 프랑스적인 삶을 누렸던 시대를 재구성하고 있다.

그러나 이 소설을 읽는다기보다는 작가와 함께 느낀다고 말할 수 있는 장면들이 있다. 개인적이고 가족적인 행운과 불행이 전체 이야기의 선을 엮어가고, 국가적·국민적 역경을 겪고 있는 시대의 삶을 구성하는 장면 장면들은 이 소설을 애국적 로망주의의 위치에 올려 놓고 있다. 퀘벡은 영국에 정복당했으나, 1759-1760년의 전투자들의 아들과 딸들은 그들의 개인적인 일상사 속에서도 영웅적 투쟁을 그치지 않고 있다. 이 애국자들은 기억을 통해 국민적 자부심을 찾는다. "좋았던 옛 시절의 기억", 즉 그들의 어릴 적 추억에서 행복을 찾고, 교구에서의 축제와 국민적 축제를 추억하며 기쁨을 찾는 그들은 감정과 정서를 소중히 할 줄 아는 로망주의자인 것이다.

가스페는 옛 시절의 이러한 즐거움이 19세기를 침범했던 사치의 불빛 아래서 사라져가고 있음을 아쉬워하고 있다. 애국적 비애감이 섞인 그의 기억을 들어보자. "영국 정복 이후 몰락한 캐나다인들의 집에서 주인들의 친절한 접대가 가구의 화려함과 탁자의 호화로운 장식을 대신했던 시절은 얼마나 행복하였던가! 집집마다 환대의 의무를 수행하니, 그 집에 사는 사람들의 마음처럼 집들이 넓어지는 것 같았다!"

■ **Joseph-Charles Taché**1820-1894

수필가이자 소설가인 타셰는 1820년 12월 24일 카무라스카 Kamouraska에서 태어났다. 퀘벡의 신학교에서 수학한다. 1844년 의사 면허증을 획득한 그는 리무스키Rimouski에서 의사직을 수행한다. 1847년에는 시의회 보수당 의원으로 선출된다. 이때 《종교와 조국의 친구*L'Ami de la religion et de la patrie*》라는 잡지의 의회 특파원으로 일을 했고, 1847년 농협회장으로 임명되어 농업 관련 기사를 출판하는 《교육부 저널*Journal de l'instruction publique*》지에 기고를 한다. 1855년에는 캐나다 대표 자격으로 파리 만국 박람회에 참석한다. 2년 뒤에는 《캐나다 통신*Le Courrier du Canada*》지를 창간하고, 1861년에는 국민문학 모음집인 《수아레 카나디엔》의 창간 일원이 된다. 1864년에는 농림 통계부의 차관직을 수행한다. 1878년 의학박사 학위를 획득한다. 캐나다 민중의 역사와 전설 복원에 많은 관심을 기울인 그는 퀘벡의 애국 학교에 작가로서의 이름을 세상에 알린 대표적인 두 작품 《내 고향의 세 개의 전설*Trois légendes de mon pays*》(1861)과 《삼림주민과 탐험가들*Forestiers et Voyageurs*》(1863)을 헌정한다. 1894년 4월 16일 오타와에서 73세를 일기로 생을 마감한다.

삼림주민과 탐험가들

Forestiers et Voyageurs, 1863

《삼림주민과 탐험가들》은 화자가 자신의 어린 시절을 회고하며 직접 체험한 일, 인구에 회자되었던 사건들, 영웅적 인물의 기행담과 전설 등을 1부 일곱 개의 장, 2부 스물 한 개의 장에서 전하고 있는 이야기들로 구성되어 있다. 이 이야기들은 과거를 신화형상으로 즉, 종교적 감정이 제일의 자리를 차지했던, 소위 '황금시대'라고 간주된 초창기 식민시대의 향수를 효과적으로 불러내고 있다.

작가 자신일 수 있을 화자는 때로는 직접 그 향수의 구연자口演者가 되기도 하지만, 때로는 제2화자의 자리를 차지하고 있는 미셸 영감을 구연의 주인공으로 등장시켜 그 시절을 증언한다. 이 증언의 목적은 누벨 프랑스 시절의 민담과 전설로 19세기의 독자들에게 자기 정체성의 실체를 세워주는 데 있다. '아름다운 옛 시절'의 증언은 주로 미셸 영감이 담당한다. 오지에서 복음을 전해야 하는 신부들의 임무가 그러하듯이, 미셸 영감도 원목을 확보하기 위해서 원시림을 삶의 터전으로 삼아 힘겨운 작업을 하는 삼림일꾼들에게 다가간다. 미셸 영감의 이야기 하나하나는 '미개인'처럼 순진무구하지만 정신적이고 윤리적인 위험에 노출되어 있었던 이들에게 삶의 위안이자 희망이 된다. 소설의 한 에피소드의 주인공 프랑수아처럼 홀아비와 같은 운명의 인간들인 이들, 소중한 짝을 잃은 백성, 즉 나라 잃은 백성으로서 홀로된 인생을 살아가는 이들에게 미셸 영감이 불러내는 '좋았던 옛 시절'의 기억들은 또한 지금은 없는 배우자와의 꿈같은 추억을 지금 현실의 상황으로 믿게 할 수 있는 적절한 치유책이 된다. 타셰의 말대로, "빈곤과 노동에 지친 일꾼들에게 경이로운 일들이 뒤섞인 이야기들만큼 위안이 되고 휴식을 주는 것들은 없다". 그 이야기들은 대부분 누벨 프랑스 시절 선량한 백성들의 소박한 풍습, 독실한 신앙, 평화롭고 조화로운 삶, 가정의 행복 등으로 채워져 있다. 미셸 영감이 전하는 전설 덕분에, 이들은 "자신의 선한 본능, 선한 기질, 천부적인 시혼詩魂"을 되찾는다. 자신들의 영혼을 이 전설 속에 쏟아 부은 이들은 노동의 기쁨을 신의 섭리로 알고 먹고 마시는 생리의 욕구를 전혀 방해받지 않은 시대를 사는 자유인이 되는 것이다. 이렇게 해서 노동자들의 정신과 육체의 조화로운 삶을 되찾게 해 준 누벨 프랑스의 백성들은 역사에서 일탈한 채 독자들을 저 멀리 기원의 세계로 데리고 간다. '진짜 캐나다인'을 판단하고, '진짜 캐나다인'을 전통을 버리고 아메리카화된 사람들과 구분하기 위해서 이 백성들은 변별적인 가치를 지닌 기원의 존재들인 것이다.

이 과거의 세계에 가톨릭의 세계관이 담긴 민담들이 제1화자의 구연을 통해 결합된다. 역사적 사실이 가톨릭과 관계하며 신비화의 과정을 거친 이 민담들은 영국인에 대한 분노와 가톨릭의 기적을 전하고 있다. 아카디Acadie에서 저질러진 영국인들의 만행이 소재가 된 한 바닷가 마을 인근에 정박된 폐선廢船에 얽힌 일화는 영국인들에 대한 신의 분노를 말하고 있으며, 영국인들의 반인륜적 행위에 대해 복수심에 불탄 원주민 쿤도의 일화, 쉼 없는 기독교적 사랑의 실천으로 미개인들을 개종시킨 라 쿠르트우와 신부와 심한 가뭄으로 인해 숲에 불이 나 삶의 터전을 버리고 떠나려는 미개인들 앞에서 불길을 잡는 기적을 일으킨 라브로스 신부의 일화는 모두 가톨릭 정신의 힘과 신의 섭리를 전하는 선교사들의 사명감을 말하고 있다.

소설 속에 불려 나온 퀘벡의 과거는 하나의 현실로서가 아니라 요청으로서 생각된 것이었다. 이 요청은 당위성이다. 즉, '있는 것'에서 '있어야 할 것'으로의 전이과정의 필요성이다. 전이과정은 곧 '있는 것'의 신화화 과정이고, 이 과정을 통해 유토피아가 탄생한다. 이때의 유토피아는 물질적이기보다는 정신적 유토피아다. 일종의 치유책인 이 환상의 놀이가 단순한 놀이가 아니었던 것은 이 환상의 중심에는 자기정체성의 추구라는 근원적 제약에서의 가능성이 늘 있기 때문이었다. 이 요청에 의한 실천을 가능하게 만들었던 기본 힘들은 가톨릭, 백성들, 영국이었다. 이 기본 힘들의 역동적인 상호작용하에서 실천이 가능했던 것이다. 역사 속에 실재했던 이러한 형성력들은 내재적인 필연적인 결과로서 소설적 정체성 탐구를 통해 새로운 유형의, 새로운 차원의 정신적 힘을 창조했던 것이다.

■ Félicité Angers/Laure Conan 1845-1924

소설가이자 기자였던 펠리시테 앙제는 1845년 1월 9일 라 말베La Malbaie에서 태어나 1858년부터 1862년까지 퀘벡의 우르술라 동정회 수녀원에서 수학했다. 이후 고향으로 돌아온 그녀는 은둔 생활을 하며 원예작물 육성과 독서, 문학 창작에 몰두한다. 1878년 첫 소설인 《진실한 사랑*Un amour vrai*》을 출판한 후에, 캐나다 역사에 관심을 기울인 그녀는 자비에 가르노와 교류를 가지고 예수회 교단과의 관계를 청산한다. 1893년, 그녀는 생-이아생트Saint-Hyacinthe에 있는 프레시외 상Précieux Sang 수녀원에 들어가서 1898년까지 《귀중한 혈통의 길*La Voie du Précieux Sang*》이라는 잡지 운영을 책임진다. 여동생의 간호를 위해 라 말베로 다시 돌아온 그녀는 자신의 문학 경력을 쌓으며 당시의 중요한 캐나다 문인들과 서신 교환을 한다. 병을 얻은 그녀는 실러리 수녀원으로 은퇴하였고, 병이 깊어 퀘벡 시립병원으로 옮겨져 1924년 6월 6일 생을 마감한다. 로르 코낭이란 필명으로 작가 활동을 했던 그녀는 퀘벡 최초의 여류 소설가였다.

앙젤린 드 몽브룅

Angéline de Montbrun, 1881

《앙젤린 드 몽브룅》은 프랑스계 캐나다의 첫 심리소설이다. 이 소설은 1881년 6월부터 1882년 8월까지 《르뷔 카나디엔》지에 연재

소설로 발표되었다가 1884년 단행본으로 출판된다. 어머니를 일찍 여읜 앙젤린은 엄격하고 자상한 아버지와 함께 발리앙Valriant에서 산다. 열일곱의 이 처녀는 친구인 미나Mina를 통해 미나의 오빠인 모리스 다르빌Maurice Darville을 소개받는다. 앙젤린의 환심을 사려고 노력한 모리스는 그녀에게 구혼을 하게 되고, 승낙을 받는다. 그러나 아버지는 결혼을 삼년 뒤로 미룬다. 그동안 두 가지 불행한 사건이 일어난다. 아버지는 사냥을 하다 사고를 당해 죽고, 존경의 대상이었던 아버지의 죽음은 그녀를 우울증에 빠트려 그녀의 얼굴을 추하게 만든다. 앙젤린이 아름다움을 상실하자, 그녀의 약혼자는 처음의 감정을 지키지 못한다. 모리스는 마음을 가다듬고 다시 결혼을 요청하지만, 사랑보다는 체면의 감정이 앞선 이 청혼을 앙젤린은 물리친다. 앙젤린은 결국 고향 집에서 은신하며, 이 모든 일을 신의 섭리이자 자신의 운명으로 돌린다. 이 은신처에서 앙젤린은 희생의 기쁨 속에서 평화를 찾을 것이다.

이 소설은 이렇듯 가톨릭의 의무를 실천하고 그 세계관을 수용하고 있기도 하지만, 퀘벡 문학사에서 퇴폐적인 서적으로 혹평을 받을 만큼 문제를 일으킨 대목도 있었다. 앙젤린이 모리스의 청혼을 거절한 결정적인 이유는 무엇이었나? 아버지를 추억하는 서한에서 그녀의 감정은 거의 아버지를 연인처럼 사랑하는 대목으로 간주되기도 하였다. 확연히 드러나 있지는 않았다 하더라도, 근친상간의 감정을 1881년의 독자들이 과연 모르고 지나갔을까에 대해서 비평가들은 오랫동안 문제제기를 해왔다. 비록 《앙젤린 드 몽브룅》이 의식적으로 기존의 윤리를 침범했다는 증거는 없지만, 가톨릭의 이데올로기가 검열의 기준이 된 시대에서 이 소설이 살아남을 수 있었던 것은 신앙의 힘으로 고통을 견뎌낼 줄 아는 가톨릭적 강한 영혼을 추구하였던 점이다.

《앙젤린 드 몽브룅》은 형식에 있어서 서한체 소설이다. 앙젤린과 그 이외의 등장인물들의 심리상태를 고스란히 드러내고 있는 편지들은 이 작품의 의미를 가늠케 해준다. 이야기는 인간 심성의 탐구에 한정되어 있다. 모든 것은 내면의 성소에서 일어나고, 사회와 역사가 소설에서 차지할 자리가 없다. 몇 페이지에 할애된 자연의 낭만적 아름다움도 무언의 친구 역할에 그치고 있다. 앙젤린의 선택이 기존 질서와의 단절을 암시하고는 있지만, 이 소설의 진정한 대범성은 여주인공의 결정에서가 아닌, 고통 받는 의식의 내면을 가장 잘 통찰하기 위해 편지와 일기를 결합시키는 소설가의 기술법에 있었던 것이다.

■ **Jules-Paul Tardivel**1851-1905

언론인이자 소설가였던 타르디벨은 1851년 9월 2일 미국 켄터키주 코빈톤Covington에서 태어났다. 19세기 말 교황지상권주의 운동에 적극적으로 참여했던 작가였으며, 프랑스계 캐나다의 국민주의를 이끌었던 민족주의자였다. 아버지는 프랑스인이었고 어머니는 영국인이었던 그는 영어를 모국어로 사용했다. 프랑스어를 공부하기 위해 1868년 퀘벡에 온 타르디벨은 생-이아생트 콜레주에서 수학하며, 가톨릭과 그 문화적 환경에 영향을 받아 퀘벡에서 일생을 보내기로 결심하였으며, 저널리즘에 투신했다. 1873년에는 《르 쿠리에 드 생-이아생트*Le Courrier de Saint-Hyacinthe*》지를 위해 일했으며, 1873년부터 1874년까지는 《라 미네르바》, 1874년부터 1881년까지 《르 카나디앵 드 퀘벡*Le Canadien de Québec*》지에서 일했다. 1881년에는 퀘벡에서 주간지인 《진실*La Vérité*》지를 창간한다. 목숨을 다할 때까지 그는 교황지상권주의와 국민주의를 반드시 실현해야 할 자신의 의무로 삼으며 이 잡지를 위해 혼신의 힘을 다 기울인다. 타르디벨은 19세기 중엽부터 퀘벡을 지배했던 가톨릭 보수주의의 이데올로기를 구현한다. 자유주의, 사회주의, 민주주의, 신비주의를 적대시 한 그는 가톨릭 교회에 순종하는 농촌과 농업사회 계획을 설교한다. 그는 연방제하에서 프랑스계 캐나다의 분리독립을 주장하였다. 1895년 자신의 분리독립의 염원을 담은 소설 《조국을 위하여*Pour la patrie*》를 출판한다. 프랑스계 캐나다인들에게 집단적 정체성의 감정을 불어넣으면서, 타르디벨은 문화적인 차원에서, 앙리 부라사Henri Bourassa와 리오넬 그루Lionel Groulx 같은 지도자들이 애국의 힘을 키울 수 있는 길을 열어 주었다. 1905년 4월 24일 그는 바라던 대로 퀘벡 시에서 생을 마감한다.

조국을 위하여

Pour la patrie, 1895

《조국을 위하여》는 퀘벡 최초의 미래 공상과학 소설—소설의 사건은 1945년에 벌어지고 있다—이자 분리독립을 주장한 정치 소설이다. 타르디벨은 이 소설에서 프랑스계 캐나다인들의 정치적이고 정신적인 구원의 길을 오로지 독립을 통해서 제시하고 있다. "신께서 애국심이 강한 프랑스계 캐나다인 모두의 가슴 속에 희망의 꽃을 심어 주셨다. 이것은 생 로랑 강 주변에 누벨 프랑스를 세울 수 있다는 희망의 메시지다. 그 임무는 이 아메리카 대륙에 구대륙의 프랑스가 오래전부터 영광의 자부심을 가지고 추구해 왔던 기독교 문화의 건설을 계승하는 것이다."

줄거리의 구성은 전반적으로 복잡하지만, 의회의 논쟁을 축으로 한 입헌적 주권 쟁취의 과정으로 요약될 수 있다. 소설은 두 그룹의 대립양상을 그리고 있다. 프리메이슨단과 결탁한 헨리 마우드 Henry Marwood 경이 지휘하는 보수당은 캐나다를 아메리카 연방체제에 편입시키고 퀘벡의 프랑스어와 가톨릭의 보존을 저지할 수 있는 입헌연방을 건설하려는 음모를 꾸민다. 프랑스계 캐나다의 가톨릭주의와 국민주의를 와해하려는 이 법안의 기획을 저지하기 위해, 폴 르베르디에Paul Leverdier 기자와 조제프 라미랑드Joseph Lamirande 의원을 수장으로 한 애국자 그룹이 의회에서 투쟁을 결의한다. 라미랑드는 음모를 밝혀내고, 정체가 탄로난 수상은 사의를 표명한다. 가톨릭 교회를 혐오하여 적대적 감정을 천명했던 이 몽타르발Montarval은 자살한다. 마침내 캐나다 의회는 퀘벡 땅에 가톨릭-프랑스계 독립국가의 창건을 결정한다.

타르디벨의 인물들은 평범한 인간들의 모습을 지니지 않았다. 그들은 세상을 선과 악으로 양분하는 갈등의 이해관계 속에서 마치 마리오네트처럼 움직이고 있다. 한 예로 타르디벨이 조제프 라미랑드에 대해 설명하고 있는 대목을 읽어보자. "그에게 있어서 애국심은 부부 간의 사랑을 압도하고 있다." 그러나 이 이원론적인 세계관으로 인해 현실에서 일어나고 있는 정치 · 사회 · 문화적 쟁점들에 대한 세밀한 관찰이 제외된 것은 아니다. 《진실》지의 편찬자는 그 시대의 담론들을 꿰뚫고 있었다. 다만 이 소설 플롯의 정치적 틀이 초자연적 개념에 입각하여 현실성이 떨어질 수 있다는 우려를 낳았다. 즉, 사회 현실을 드러내는 이야기가 신과 사탄이라는 대립된 두 원칙 간의 투쟁으로 그려지고 있는 것이다. 그래서 《조국을 위하여》는 사실 일종의 형이상학적 리얼리즘 계열에 속하는 소설이라고 말할 수 있다. 미래를 소재로 하고 있고, 다른 사상적 이데올로기를 적대자로 간주하며 혁명적 메시아사상을 전투적으로 그리고 있다는 점에서, 이 소설은 프랑스계 캐나다 문학사에서 독보적인 위치에 오른 의미심장한 소설이다.

2장
근대소설의 통로 1896-1945

진보에 대한 저항과 탈농촌

1867년 캐나다 연방령 선포로, 프랑스계 캐나다인들은 퀘벡이라는 캐나다의 1개 주를 구성하는 민족으로 밀려난다. 당시 퀘벡의 전체 인구는 1,150,000명이었는데, 이 중 75%가 프랑스계였으며, 80%가 농촌에서 살았다. 그러나 1840년대부터 퀘벡이 이룩한 경제성장과 그 결과로 나타난 도시화는 예전의 사회 · 경제적 구조의 쇠퇴를 불렀다. 생-로랑 강 주변의경작할 수 있는 땅들은 경작자들로 이미 포화 상태에 이르렀기 때문에, 농부들은 농촌을 떠나 공장에 일자리를 얻기 위해 몬트리올과 미국으로 떠난다.

이와 같은 사회 · 경제적 상황은 농촌 사회에 깊은 정신적 지배력을 확보하고 있었던 가톨릭 교회에 위협으로 작용했으며, 이 가톨릭 사회집단에 적지 않은 부담이 되었다. 국가의 근간은 땅에 있다는 오랜 보수주의적 이데올로기가 가톨릭 교회를 묶어두고 있었기 때문이었다. 그래서 교회는 프랑스계 캐나다인들이 가족, 종교, 언어, 땅이라는 전통적 가치에 충실하라고 요구하고 설득한다. 교회의 관점에서, 농업은 국민 개개인을 도시라는 퇴폐장소로부터 보호해 주고, 재정적 위기와 실업을 차단하는 이상적인 삶의 양식을 구축할 수 있는 산업이었다. 그러나 이 과거의 가치, 경작의 신화화로 인해 퀘벡은 진보와 산업과 상업의 발전에 무감각해졌고, 프랑스계 캐나다인들은 이웃 민족들보다 퇴보의 길을 걸을 수밖에 없었다. 과거의 굴레에서 벗어나 미래를 준비해야 하는 것을 잊고, 모두가 과거의 향수에 젖어 있었던 것이었다.

땅에서 일하는 것은 가장 고귀하고, 가장 건강하고, 교회가 권유하는 인간의 비전과 가장 조화로운 작업으로 간주되었다. 교회의 농업 예찬론은 엄청난 영향을 미쳤고, 19세기 중엽부터 움직이기 시작한 식민지 건설에서 그 구체적인 효과를 발휘하기 시작했다. 오지 개발을 주도한 것도 성직자들이었기 때문에, 식민지 개척자들의 정착이 용이하도록 식민지 개발 협회를 조직한 것도 대부분 사제들과 주교들이었다. 식민지 개발은 전 국가적인 사업이 되어, 퀘벡에 프랑스계 주민들의 확보와 가톨릭 이념들의 대중화가 굳건해졌다. 그러나 가톨릭의 이러한 노력에도 불구하고, 식민지 개발 사업은 농촌에 넘쳐나는 인구를 모두 흡수하지 못했고, 1920년대 말까지 도시로의 대대적인 이주를 막을 수가 없었다. 20세기 초가 되면, 산업화의 영향으로 농업은 처음으로 퀘벡 주민의 주요한 고용 산업이 되지 못한다.

하지만 대도시로의 이주는 이주민들의 경제적 안정을 보장해 주지 못했다. 영어권 사람들이 경제활동의 모든 요직을 차지하고 있었기 때문에, 프랑스계 사람들은 낮은 직책과 보수로 살아야만 했다. 보수주의와 연결된 오래된 가치들은 이 익명의 세계에서 아무런 힘을 발휘하지 못했기 때문에, 이 정신적 경제적 박탈자들은 완전히 새로운 상황과 투쟁을 해야만 하였다. 그러나 누구도 확신할 수 있는 것이 없었지만, 분명한 것은 퀘벡은 변하고 있다는 사실이었다. 마치 신세계가 태어날 준비를 하고 있는 것처럼.

농촌과 도시 사이

19세기의 애국주의가 국민의 생존을 보장하고, 이 생존의 목소리를 소설에 담아냈다면, 프랑스계 캐나다란 국민국가의 존재에 대한 확신을 가졌던 20세기 초에도, 소설은 다시 한 번 공동체의 정체성을 환기하는 역사적 사명에 참여한다. 성직자 엘리트 계층은 농업을 이 공동체에 행복한 미래를 가져다 줄 수 있는 유일한 길로 제시할 임무를 소설에 부여한 것이다. 이렇게 해서 소설가들은 선민選民들의 행복과 맞물릴 땅의 소중한 가치의 선전을 국민적 대업으로 삼게 된다. 이것이 퀘백 문학사에서 이른바 "향토"소설로 불리게 될 소설들이 등장하는 문학적 배경이다. 사실 19세기에 이미 라콩브, 쇼보, 제랭-라주아 같은 몇몇 소설가들이 이러한 주제를 탐구하였지만, 당시만 하더라도 "향토"가 시대의 문학적 주류로 자리를 잡지 못하고 있었다. "향토"란 단어의 정확한 의미는 단지 조상들이 물려준 땅의 사랑에 한정되지 않는다. 이 신성한 유산에 가톨릭과 프랑스어를 자양분으로 하여 자란 개척자들의 모든 관습과 전통이 포함되고, 땅의 경작과 숭배가 번영된 사회의 경제적 기초라는 신앙적 믿음이 결합된다.

그러나 이 "향토"를 거부하고 나선 소설적 경향이 있었다. 과거 유산에 대한 직접적인 반발이라기보다는 시대의 흐름이 이미 생존을 위해서 과거로부터 벗어나야 함을 알려주고 있었기 때문에, 이 부류의 소설가들은 향토에 대해 의심을 던지고 직접적인 문제제기를 마다하지 않았다. 소위 "반 향토"라고 명명할 수 있을 이 경향은 프랑스계 캐나다인들의 집단적 정체성의 내용과 형식을 새롭게 단장할 풍토를 조성한다.

프랑스인 작가 루이 에몽Louis Hémon의 유고작인 《마리아 샵들렌》이 "사라질 줄 모르는" 한 민족의 전통적 미덕의 상징으로 등장한다. 1916년 출판된 이 소설은 19세기 프랑스계 캐나다인들이 기대했던 미래를 구축하면서, 그 정신적 영향과 상업적 성공으로 인해, "마리아 샵들렌의 신화"가 창조된다. 펠릭스-앙투안 사바르Félix-Antoine Savard가 《므노, 뗏목 운반가*Menaud, maître-draveur*》로 그 계보를 잇는다. 독자들은 분명히 《마리아 샵들렌》에서 마리아가 들었던 "퀘벡의 목소리"가 므노의 귓전에도 울리는 것을 확인할 수 있다. 소설의 결말도 땅을 지켜야겠다는 마리아의 결정과 마찬가지로 므노의 딸 마리도 빼앗겼던 땅의 회복을 다짐한다. 유산의 전달방법임을 자처한 19세기 소설의 전통을 다시 한 번 확인하기 위해서는 제르멘 게브르몽Germaine Guèvremont의 《르 쉬르브낭*Le survenant*》을 기다려야만 한다.

가톨릭적 전통을 이어 받아 전원을 모델로 한 소설은 1930년대에 오면 사라진다. 하지만 이 국민적 모델은 이미 1904년부터 거센 도전을 받고 있었다. 로돌프 지라르Rodolphe Girard의 《마리 칼뤼메*Marie Calumet*》는 외설적인 장면의 남용과 신성모독을 이유로 몬트리올 주교로부터 외설소설로 간주되어 발매금지 처분을 받는다. 알베르 라베르주Albert Laberge의 《라 스쿠인*La scouine*》도 가톨릭적 농촌 생활의 참혹한 실상을 고발하면서 "반 향토"의 길을 따를 것이다. 클로드-앙리 그리뇽Claude-Henri Grignon은 《한 인간과 그의 죄*Un homme et son péché*》에서 땅의 가치가 오로지 돈으로 평가되고 있음을 보여준다. 랭게Ringuet는 《삼십 아르팡*Trente Arpents*》에서 향토

소설의 이상화 된 전통과의 관계를 끊고 사실주의의 흐름 속에 합류한다.

이 시기의 주요 소설가와 대표 작품

■ **Louis Hémon**1880-1913

루이 에몽은 1880년 10월 12일 프랑스의 브레스트Brest에서 태어났다. 부모와 함께 파리로 간 그는 몽테뉴Montaigne 고등학교와 루이 르 그랑Louis-le-Grand 고등학교를 다녔다. 소르본에서 법학과 중근동어를 전공한 후 그는 런던으로 간다. 영국의 몇몇 선박회사에서 통역 비서관직을 수행한 그는 1904년부터 파리의 한 스포츠 전문지에서 일을 한다. 에몽은 다시 런던으로 건너가 중편 소설집인 《저기에 있는 미녀*La Belle que voilà*》와 세 편의 소설 《콜린-메이어드, 싸우는 멜론, 복서*Colin-Maillard, Battling Malone, pugiliste*》, 《리푸아씨*Monsieur Ripois*》, 《네메시스*la Némésis*》를 집필한다. 이 작품들은 《마리아 샵들렌》과 함께 모두 그의 사후에 출판된다. 에몽은 1913년 7월 8일 캐나다 온타리오 주 샤플로 역에서 불의의 기차사고로 죽는다. 에몽은 이 작품들 이외에도 내용이 풍부한 《서한집*Correspondance*》과 퀘벡 여행기인 《여정*Itinéraire*》이란 작품을 남겼다.

마리아 샵들렌

Maria Chapdelaine, 1916

파리의 일간지인 《시대*Le temps*》지에 1914년 1월 27일부터 2월 19일까지 연재소설로 발표되었던, 이 소설은 그 진가를 알아본 신문기자이자 문학 비평가인 루비니 드 몽티니Louvigny de Montigny의 혜안에 힘입어, 1916년 몬트리올의 출판업자인 조제프-알퐁스 르페브르Joseph-Alphonse Lefèbvre에 의해서 단행본으로 출판된다. 이후 《마리아 샵들렌》은 그라세 출판사의 유명 총서인 "녹색 수첩Cahiers Verts"의 시작을 알리며 재판再版으로 세상의 이목을 집중시킨다. 루이 에몽의 유작이자 유일한 단행본인 이 소설은 이때부터 프랑스 뿐만 아니라 거의 전 프랑스어권에서 출판되었으며, 20여 개 이상의 언어로 번역되어 사백만 부 이상의 판매실적을 거두었던 사실을 고려하면, 아마도 성경 다음으로 가장 많은 쇄刷를 기록했고 가장 큰 성공을 거둔 프랑스어 작품으로 꼽힐 수 있을 것이다. 이러한 출판 현실만 보더라도, 프랑스와 퀘벡 그리고 프랑스어권 지역에서 이 작품의 가치와 그 중요성이 얼마나 높게 평가 되고 있는지는 짐작하고도 남음이 있다.

《마리아 샵들렌》을 걸작으로 평하는 지지자들의 의견은 한결같이 이 작품의 사실주의적 가치에 주목한다. 이 사실주의적 가치는 이 소설이 농업경제에서 산업경제로의 이행이 활발히 진행되는 시기인 퀘벡의 20세기 초를 배경으로 하고 있는 사실과 관계가 깊다. 다시 말해 가톨릭 중심의 농업 전통사회가 흔들리는 시점에서 이 전통적 가치가 어떻게 도전받고 있는 가에 대한 시대의 상황 묘사를 생-장 호수 주변의 외딴 농가에서 일어나는 사건을 중심으로 확인되고 있기 때문이다. "정착민과 개척자"의 부류에 서는 인간들이 이 사건의 중심을 이룬다. 정착민들은 가톨릭의 문화적 이념을 수호하여 농촌 공동체 사회의 건설을 꿈꾸는 자들이다. 주인공 마리아의 어머니인 샵들렌 부인과 온순한 외트로프 가뇽Eutrope Gagnon이 이 정착자를 구현한다. 개척자 부류는 야생적 본능을 이기지 못해 불모지를 농경지로 개척하는 일에 삶의 전부를 바치는 인간과, 땅을 일구며 살 수 있는 체질도 아니고 그래서 땅에서 행복을 찾을 수 없어서 광활한 퀘벡의 숲을 누비며 장사와 노동으로 부를 꿈꾸는 숲속 사냥꾼Coureur des bois이라는 두 부류로 나뉜다. 전자는 샵들렌씨가 후자는 프랑수아 파라디François Paradis가 구현한다. 엄밀한 의미에서 정착민과 개척자의 자리에는 들어갈 수 없지만, 높은 임금과 도시의 '편리한' 생활에 이끌려 미국으로 이주한 인간을 개척자의 부류에 포함시켜 보자. 산업화를 겪고 있는 퀘벡에서 미국의 체험을 통해 프랑스 유산에 대한 집착을 버리고 삶의 영역을 개척한 이들은 구대륙의 '굴종적'이고 '맹목적'인 삶에서 해방된 보다 합리적인 공동체의 질서를 만들 수 있다는 믿음을 지니고 있었기 때문이다. 로렌조 쉬르프르낭Lorenzo Surprenant이 이 부류를 대표한다. 이 세 부류 사이의 갈등이 마리아라는 중심 인물을 통해서 일어난다.

마리아는 프랑수아 파라디와 사랑에 빠진다. 이 사랑은 퀘벡의 사계를 축으로 벌어진다. 이 연인들의 사랑은 상투적인 표현이 되겠지만 만물이 소생하는 봄에 활짝 핀다. 혹독한 퀘벡의 추위를 생각해 보라. 여름은 프랑수아가 일거리를 찾아 떠나야 하는 계절, 그러나 마리아와의 재회를 약속하며 사랑을 재확인하는 계절이다. 가을과 겨울은 가장 길고 혹독한 기다림의 시간을 상징한다. 이 기다림은 결국 비극으로 끝난다. 크리스마스에 맞추어 마리아를 보겠다고 홀로 숲 길을 떠난 프랑수아는 길을 잃다 싸늘한 주검이 된다. 사랑하는 자의 생명을 앗아갔던 냉혹한 자연에 적개심을 품고 있었던 마리아에게 로렌조가 나타난다. 도시민이 된 로렌조는 마리아에게 편리하고 쾌적한 생활을 약속한다. 도시 생활의 장점으로 아름다운 삶을 제공하겠다는 그의 강한 유혹에 마리아는 흔들린다. 그러나 이때 샵들렌 부인이 죽는다. 어머니의 죽음으로 심경의 변화를 일으킨 마리아는 노동과 자기희생으로 꾸려진 이러한 삶 뒤에 감춰져 있는 깊은 의미를 의식하게 된다. "자기 종족의 본질적인 미덕"을 마음 속 깊은 곳에서 확인한 그녀는 모계의 유전자를 지키기로 결심한다. 마리아가 외트로프 가뇽을 결혼 상대자로 선택한 결정적인 이유다. 이 선택은 매우 중요한 의미를 지닌다. 그것은 변화의 기로에 선 당시의 퀘벡이 자신의 존재를 다시 들여다보고 현실적 생존을 위해 감당해야 할 결정과 맞물리기 때문이다. 종족과 땅과 언어를 지키겠다는 그녀의 의지는 보존과 생존의 비전과 계획 아래 오래된 사회로 인식되어 온 퀘벡에 있어서 프랑스계 캐나다와 프랑스의 연속성을 확인하는 공동체의 목소리로 확인된다. 이 작품의 결론이 될 수 있을 그녀의 생각을 들어보자. "'우리'는 삼백년 전에 와서 머물렀다… […] '우리'는 바다 너머에서 '우리'의 기도문과 '우리'의 노래를 가져왔다 : 이것들은 항상 똑같다. '우리'는 '우리'의 가슴 속에 부지런하고 활력이 넘치고 웃음이나 동정심에 인색하지 않은 사람들의 마음, 가장 인간적인 마음을 가져왔다. 이 마음은 바뀌지 않았다. […] '우리"가 여기에 함께 가져온 '우리'의 신앙, '우리'의 언어, '우리'의 미덕, '우리'의 약점들까지 이 모든 것은 신성하고 범할 수 없는 것이 되었으며 끝까지 남아있게 될 것이다. […] 퀘벡지방의 그 어느 것도 변하지 않을 것이다. '우리'가 증인이기 때문에 변하는 것은 없을 것이다. '우리' 자신과 '우리' 운명으로부터 '우리'는 이 의무만을 분명하게 이해했다 : …을 지속하는 것, …을 유지하는 것. 몇 세기가 지난 뒤 세상 사람들이 '우리'의 힘을 빌면서 이렇게 말하도록 '우리'는 '우리'를 지켜왔다 : 이 사람들은 죽을 줄 모르는 종족이야… '우리'가 증인이다."

이러한 공동체의 가치가 항상 환영을 받는 것은 아니었다. 《마리아 샵들렌》을 혹평했던 비평가들은 이 작품이 모국인 프랑스와 가톨릭의 제 가치들에 순종했던 한 종족의 소외현상을 상징하고 있을 뿐이라고 그 이유를 밝혔다. 즉, 과거를 통해서만 정의되는 한 종족, 퀘벡 지역에서 어느 것도 변해서는 안 된다는 믿음을 지니고 사는 한 종족의 소외현상에 대한 고발이었던 것이다.

■ Félix-Antoine Savard 1896-1982

펠릭스-앙투안 사바르는 1896년 8월 31일 퀘벡 시에서 태어났다. 그는 시쿠티미Chicoutimi에서 고전과 신학을 연구한다. 1922년 6월 4일 사제서품을 받은 그는 시쿠티미의 신학교에서 4년 동안 예비 신부들을 가르친다. 바고빌Bagotville과 생-타네스Sainte-Agnès의 보좌 신부 명을 받은 그는 곧이어 생-필리프-드-클레르몽Saint-Philippe-de-Clermont 교구를 세운다. 그가 문학적 영감을 받은 곳이 바로 이 교구에서다. 사바르는 그의 소설 《므노, 뗏목 운반가》에서 므노란 등장인물의 영감을 준 진짜 뗏목 운반가 조제프 부아Joseph Boies를 만난다. 사바르는 《마리아 샵들렌》을 읽으면서 간접 체험했던 개척자들의 삶, 이 식민지 개발 지역의 삶을 이 뗏목 운반가를 통해 제대로 알기 시작했던 것이다. 퀘벡으로 돌아와 라발 대학에서 문학을 가르치면서, 1944년에는 민속연구 관련 고문서들의 복구에 힘쓴다.

1950년부터 1957년까지 문과대학장을 역임한다. 생-조제프-드-라-리브Saint-Joseph-de-la- Rive에서 은퇴 생활을 하다, 1982년 8월 24일 생을 마감한다.

므노, 뗏목 운반가

Menaud, maître-draveur, 1937

이 작품은 샤를부아Charlevoix주의 맹살Mainsal에서 일 년 동안 벌어지는 사건을 이야기하고 있다. 이 소설은 크게 세 개의 부분으로 나눌 수 있다. 제1부는 여느 소설과 마찬가지로 등장인물들과 앞으로 일어나게 될 갈등의 상황을 암시한다. 아내를 잃고 육십 여 년 동안 혼자 살아 온 므노는 영국인들을 위해 일하게 될 뗏목 운반가 그룹을 산으로 데려가는 작업을 맡는다. 그의 딸인 마리Marie와 아들 조종Joson도 동행한다. 므노는 일행 중 일명 르 뤼콩le Lucon이라고 불리는 알렉시 트랑블라Alexis Tremblat를 좋아하게 된다. 트랑블라의 강한 애국심이 므노의 마음을 사로잡았기 때문이다. 조종은 뗏목 운반일을 하다 익사한다. 영국으로부터 정복당한 조국의 재탈환의 희망을 아들에게서 보았던 므노는 정신적으로 큰 충격을 받고 마을로 아들의 시신을 옮겨온다. 1부는 이렇게 비극적인 사건으로 끝을 맺는다. 제2부는 등장인물들의 내면의 움직임에 바쳐진다. 므노의 치유하기 힘든 슬픈 감정, 영국인에 대한 강한 적개심, 르 델리에le Délié에 대한 마리의 사랑, 그러나 곧 르 뤼콩을 사랑하게 될 마리의 감정, 델리에와 르 뤼콩 사이의 싸움, 르 뤼콩의 부상 등이 차례대로 펼쳐진다. 제2부도 비극적인 사건으로 끝을 맺는다. 원인 모를 화재가 산의 일터를 휩쓸고 간 것이다. 제3부는 침략자 영국인에 대한 저항 운동을 이야기 한다. 산의 일터에는 아무도 없고, 여러 시간 동지들을 찾으러 헤맨 므노는 숲속에 홀로 남게 된 자신을 본다. 눈에 갇힌 그는 두 발에 동상이 걸린다. 그의 몸은 마비되어 가고, 영국인들의 무자비한 착취 앞에서 동포들의 의식을 일깨워야 한다는 사명감이 이렇게 사라져 간다. 그가 던진 저항의 목소리, 동포들을 향한 이 목소리는 광기처럼 번져나간다. 소설은 《마리아 샵들렌》과 똑같은 결론으로 막을 내린다. 마리아가 조국의 목소리를 되찾아 땅과 종족의 보존을 삶의 의무로 선택했듯이, 마리도 아버지와 조종이 했던 것처럼 땅을 되찾겠다는 열망을 르 뤼콩에게 표명한 것이다.

소설은 크게 두 개의 플롯으로 짜여 있다. 하나는 애국주의다. 므노는 영국인들에게 땅의 양도를 거부한다. 다른 하나는 사랑이다. 마리는 조국을 배반한 르 델리에와 프랑스계 캐나다인들의 대의명분을 따른 르 뤼콩 사이에서 갈등한다. 이 두 플롯은 물론 서로 나뉘어서 이해될 수 없다. 이 구도는 결국 프랑스계 캐나다의 애국주의를 구현한 므노와 영국의 이익을 위해 조국을 배신한 르 델리에와의 대결로 압축된다. 처음에는 르 델리에가 승리하지만, 결국 마리가 르 뤼콩과 결혼함으로써 므노의 승리로 끝난다.

이 소설은 "민족주의자들의 바이블", "애국자들의 선언서", "보수적이고 전통적인 이데올로기의 수호"로 규정지어질 정도로 《마리아 샵들렌》과 함께 애국심 함양에 절대적인 역할을 했던 작품이었다. 그러나 다른 한편, 이 소설은 애국심 수호의 이면에 숨어 있는 국민적 고통에 대해 의문을 던지고 있다. 사바르는 농촌의 소외현상을 고발하고 있으며, 프랑스계 캐나다인들은 가톨릭 엘리트 계층의 이데올로기의 중심에 서 있는 것이 아니라 힘겹기만 한 현실을 감내해야만 하는 수동적 위치에 있음을 환기시키고 있다. 가치체계의 새로운 질서가 확립되어야 함을 암시하고 있는 것이다.

■ Germaine Guèvremont(Grignon)1896-1968

제르멘 게브르몽은 1893년 생-제롬Saint-Jérôme에서 태어났다. 그녀는 생트 스콜라스티크Sainte Scolastique에 있는 성 십자Sainte-Croix 수녀회와 생-제롬에 있는 성 안나Sainte-Anne 수녀회에서 수학했다. 그 후 1년간 토론토에 머물면서 영어공부를 했으며, 로레티Loretty 수도원에서 피아노를 배운다. 4년 동안 오타와에서 살면서, 이아생트 게브르몽Hyacinthe Guèvremont을 만나 1916년 결혼한다. 1920년 남편과 함께 소렐Sorel에 정착한 그녀는 1926년 각각 《더 가제트*The Gazette*》지와 《르 쿠리에 드 소렐*Le Courrier de Sorel*》지의 기자로 일한다. 1938년부터 《페이자나*Paysanna*》지에서 일을 한 그녀는 이 잡지에 1945년까지 여러 편의 콩트와 연재소설 등을 기고한다. 1945년 《르 쉬르브낭*Le survenant*》을 출판한다. 이 작품은 퀘벡에서 뒤베르네Duvernay 상과 다비드David 상을, 프랑스에서는 쉴리-올리비에 드 세르Sully-Olivier de Serres 상을 획득한다. 1947년에는 《마리-디다스*Marie-Didace*》를 출판한다. 1950년 이 두 작품은 뉴욕과 런던에서 출판이 되었는데, 작가로서는 큰 영광이었다. 《르 쉬르브낭》은 퀘벡에서 텔레비전 영화로 만들어지기까지 하였다. 제르멘 게브르몽은 1968년 몬트리올에서 생을 마감한다.

르 쉬르브낭

Le Survenant, 1945

《르 쉬르브낭》은 퀘벡 소설사에서 소설의 의미를 외지에서 온 타인에게 둔 첫 작품이다. 어느 가을날 저녁, 슈날 뒤 무안Chenal du Moine에 도착한 외지인이 보슈맹 씨 집의 대문을 두드린다. 자신의 노동력과 책상 하나와 침대 하나를 바꾸자는 그의 제안은 참으로 어처구니가 없다. 하지만 전형적인 농부인 디다스 보슈맹 씨Didace Beauchemin는 그의 아들 아마블Amable에게는 없는 에너지와 정열이 넘치고 신중함이 살아있어 보이는 이 외지인과의 거래를 승낙한다. 이 "길거리의 위대한 신Grand-Dieu-des-routes"은 슈날 뒤 무안의 정착자들에게 상당히 매력적인 인물로 다가온다. 이 지역 주민들과 함께 그는 땅과 사냥에 관련된 온갖 종류의 일을 완수한다. 각지를 여행했던 그는 상당히 재미난 이야기꾼이어서, 이웃 주민들은 늘 그를 찾는다. 슈날의 처녀들은 빨간 머리의 이 미남에게 반한다. 이 처녀들 중에서 앙젤리나Angélina Desmarais는 그를 진정으로 사랑하게 된다. 르 쉬르브낭도 이 과묵한 신체장애자에게 사랑의 감정을 드러낸다. 한편, 르 쉬르브낭을 거부하는 인간들도 존재한다. 안정된 생활의 상징인 농부들은 가진 것 없는 이 모험가와 대척점에 선다. 아마블Amable과 그의 아내인 퐁신Phonsine은 이 보슈맹씨의 양자를 질투하기에 이른다. 그러나 인생의 황혼녘에 이른 보슈맹씨는 아들의 나약함을 애써 부인하면서도, 지역주민들의 모든 불평과 시기를 불러일으키며 '질서'를 바꾸어 놓았던 이 '타인'의 높은 역량—그는 사람들을 변화시키고, 역동적으로 움직이게 만들고, 스스로 질문하게 하고, 감동하고 증오하게 하는, 한 마디로 무기력하고 무능한 상태에서 벗어나게 했다—에 이 지역의 미래를 걸려고 한다.

여름이 다시 오고, 르 쉬르브낭은 인생의 기로에 서게 된다. 남을 것인가? 아니면 떠날 것인가? 남는다면 안정된 삶을 보장받는다. 그러나 돈에 대한 근심이 끊이지 않을 것이다. 떠난다면, 자유가 펼쳐진다. 광활한 지역을 탐험하면서 낯선 인간들과 마주치면서 모험의 생활이 그에게 활력을 줄 것이다. 그는 왔을 때처럼 아무

말 없이 다시 떠난다.

《르 쉬르브낭》의 궁극적인 의미는 무엇인가? 독자들이 르 쉬르브낭에게서 숲속 사냥꾼의 신화적 유산을 발견하는 것은 어렵지 않다. 그러나 그는 더 이상 숲속의 인간이 아닌 이 세상 속의 인간이다. 게브르몽은 르 쉬르브낭을 통해서 옛 탐험자들의 전통을 문명화하고 현대화했다. 르 쉬르브낭이 보슈맹 일가 대대로 내려오는 도구상자를 다시 여는 에피소드는 이러한 면을 단적으로 보여준다. 돌아가신 장인匠人들의 노하우know-how를 소생시키면서, 이 외지인은 카누를 만들고 안락의자를 고치면서 마술사가 되었다는 느낌을 받는다. 이 '타인'은 개간의 거친 노동과 새로운 기술의 정교함 사이에 다리 역할을 한 셈이다. 앙젤리나가 사랑스럽게 쳐다보곤 했던 그의 "별 모양"의 커다란 손이 이렇게 해서 낯선 인간의 자리를 바꾼다. 그는 보슈맹 일가의 낡은 집 다락방에서, 잊혀진 조상들의 유물과 하나가 되어, 말 그대로 보슈맹 가계로 들어간 것이다. 작가는 광활한 세계에서 온 낯선 르 쉬르브낭을 통해서 조상들의 유산이 여전히 전승될 수 있음을 시사하고 있는 것이다.

■ Rodolphe Girard1879-1956

1879년 4월 24일 트루아-리비에르Trois-Rivières에서 태어난 지라르는, 12세 되던 해에 부모와 함께 몬트리올로 이사한다. 이 도시의 생-루이Saint-Louis 콜레주에서 수학한다. 1899년에는 《조국*La Patrie*》지에서, 1900년부터 1904년까지는 《라 프레스*La Presse*》지에서 기자로 활동한다. 그의 처녀소설 《플로랑스*Florence*》가 1900년에 출판된다. 4년 뒤인 1904년, 《마리 칼뤼메*Marie Calumet*》가 출판되었을 때, 몬트리올 주교인 브뤼셰지Bruchési는 발매금지 처분을 내린다. 1908년 이 소설을 주제로 하여 《진실》지에 아티클을 기고한다. 그러나 이 잡지가 그 후 《마리 칼뤼메》에 대한 중상 비방문을 게재했다는 이유로 이 잡지를 상대로 소송을 한다. 1911년 그는 이 소송에서 승리한다. 그 이후 두 편의 소설, 십여 편의 연극작품, 콩트들을 출판한 그는 1914년 제일차 세계대전에 참전한다. 1941년 육군 중령으로 승진한 그는 1942년부터 리슐리외Richelieu에서 은퇴생활을 하다, 1956년 3월 29일 오타와에서 생을 마감한다.

마리 칼뤼메

Marie Calumet, 1904

사건은 1860년에 시작된다. 생-틸데퐁스Saint-Ildéfonse의 플라벨Flavel 신부는 그의 질녀, 교회지기 제피랭Zéphirin, 자원봉사자 나르시스Narcisse와 함께 살고 있다. 플라벨의 이웃인 르프랑Lefranc 신부는 플라벨 사제관을 둘러보고 이 사제관이 제대로 유지되기 위해서는 일을 할 줄 아는 가정부가 필요하다고 생각하여 마리 칼뤼메를 그에게 보낸다. 문제는 19세기 중엽의 시골 풍습에 사랑의 플롯이 들어

가면서 발생된다. 나이 마흔에 아직도 혼자인 마리 칼뤼메는 나르시스와 제피랭의 탐욕의 대상이 된다. 나르시스가 이 사랑 싸움에서 승리하여, 마리와의 결혼에 성공한다. 소설은 결혼식 날의 풍경을 그리는 것으로 끝을 맺는데, 결혼식이 진행되는 동안 사랑의 패자였던 제피랭은 장난기 어린 복수를 계획한다.

소설은 당시 널리 알려졌던 민요에서 차용된 제목과 주제를 환기시키며 시작된다. 이 민요는 그 이후 전개될 소설의 플롯을 암시한다. 첫 번째 소절의 내용은 이렇다. 마리 칼뤼메란 여자가 신부의 자원봉사자와 결혼하고 싶어 하며 결혼식은 사제관에서 "위와 아래를 뒤집고, 앞과 뒤를 바꾸어서" 거행된다. 두 번째 소절은 피로연에 차려진 음식에 대한 것이다. 푸아그라 파테, 돼지 다리 살 스튜, 고기와 야채를 넣은 파이, 어느 것 하나 단일한 재료로 된 음식이 없다. 질서의 장소인 교회에 뒤죽박죽의 음식이 차려진 것이다. 세 번째와 마지막 소절은 바이올린 연주자의 반주에 흥에 겹고 술의 힘을 빌린 노인들과 젊은이들의 "여흥"을 이야기한다. 지라르는 교회가 널리 권장한 이 민요를 통해 무엇보다도 때로는 흥겨운 사제관 생활의 정경을 이야기하면서, 그 시대의 전복적이고 난잡한 특징을 드러내려고 하였다. 이 은총의 장소는 풍자의 촉매장소로 변하고, 이곳의 무질서는 세상의 질서처럼 돌아간다. 이 무질서는 이웃에도 존재한다. 르프랑 신부는 돈 많고 교양이 있는데다 여자를 잘 알고 그 매력을 존중하며 즐기기까지 한다. 플라벨의 질녀인 열일곱의 쉬종을 보고 그 욕망을 숨기지 않는다. 그는 고리대금업자이기도 하다.

주교의 분노에 강도를 더하게 될 서술의 유희는 이 부도덕한 사제가 순진한 플라벨 사제관에 심게 될 새로운 질서에서 정점을 이룬다. 마리 칼뤼메의 출현과 함께 이 교구의 질서는 완전히 뒤바뀐다. 플라벨은 "잘빠진 다리를 짐작케 하는 그녀의 섬세한 발목, 둥그런 골반, 출렁대는 가슴"을 찬양한다. 이 경솔한 가정부는 겉치마와 속치마도 입지 않고 신부 앞에 나타나기도 한다. 때로는 순진해서 그런지 본의 아니게 맨 엉덩이를 드러내기도 한다. 지라르가 계획한 이 '드러내기'의 놀이는 소설의 에필로그에서도 재미를 더하며 진행된다. 나르시스와 마리의 결혼식에 초대된 사람들은 제피랭이 계획한 복수의 희생양이 된다. 이 교회지기는 피로연 음식에 효력이 즉각적인 완하제緩下劑를 넣었는데, 이 음식을 먹은 축하객들은 배탈로 인한 생리적 욕구를 이기지 못하고 자기 차례가 되면 아랫도리를 드러내야만 했던 것이다. 이 사건은 공교롭게도 시월 어느 저녁에 일어난다. 변소가 수요를 다 충족시킬 수 없었기 때문이다.

소설의 모두冒頭를 수놓은 민요의 무질서가 그 결말과 상응하면서 소설 구성의 일관성이 확보되고, 이 일관성은 교회의 질서인 "앞"

과 "위"가 "뒤"와 "아래"로 뒤집힌 세상의 질서가 되면서, 작가의 세계관을 표현하고 있다. 이 세계관은 도전의식으로 축약된다. 소설적 주제의 질서에 대한 도전은 서술 방식과 이야기의 차용의 변화를 불러오고, 다양한 주제의 양산을 낳을 수 있는 초석이 되며, 이 변화와 초석 위에 퀘벡 소설의 근대화가 시작된다. 《마리 칼뤼메》는 소설의 해방, 소설의 독립을 알리고 있다.

■ Albert Laberge1871-1960

농부의 아들인 라베르주는 1871년 2월 18일 퀘벡의 보아르누아 Beauharnois에서 태어났다. 보아르누아의 생-클레망Saint-Clément 아카데미에서 공부를 시작한 그는 몬트리올의 생트-마리Sainte-Marie 콜레주에서 중등학교 과정을 마친다. 그 후, 마레샬-메케Maréchal et Mackay 변호사 사무실에서 일을 하며 사교육을 받는다. 그는 1895년 《토요일*Le Samedi*》지에 몇 편의 콩트를 발표한다. 1896년부터 1932년까지 《라 프레스》지에서 스포츠 기자로 활동한다. 그는 1903년 여러 잡지에 연재소설 형태로 《라 스쿠인*La Scouine*》을 발표한다. 1909년 모트리올 주교인 브뤼셰지에 의해 발매금지 처분을 받고 소설 집필을 중단한다. 이 기간 동안 라베르주는 몬트리올 문학 에콜 창립에 참여하며 정식 회원이 된다. 《라 스쿠인》은 1918년 그 완결본이 출판된다. 이 작품 이외에도, 그의 자전적 소설인 미완성의 《라망

토*Lamento*》, 인생의 어두운 단면을 이야기한 《빨간 모자의 여인*La Femme au chapeau rouge*》(1947), 《금혼식*Les Noces d'or*》(1950), 《녹*La Rouille*》(1950), 《마지막 저녁식사*Le Dernier Souper*》(1952), 《풀리슈 부인*Madame Pouliche*》(1963) 등의 작품을 남겼다. 1960년 4월 4일 몬트리올에서 89세를 일기로 생을 마감한다.

라 스쿠인

La Scouine, 1918

《라 스쿠인》은 독자를 1853년의 한 농가로 안내한다. 가난한 농부인 위르젤 데샹Urgèle Deschamps 가족을 중심으로 펼쳐지는 농촌의 생활상을 '소개'하고 있는 이 소설은 서른 네 개의 장으로 나뉘어 있다. 그러나 각 장의 이야기들이 연이어서 배열되어 있다 할지라도, 이 이야기들 사이에 어떤 구체적인 관계를 찾는 것은 쉽지가 않다. 더구나 주인공인 라 스쿠인도 이야기 속에서 부재하는 일이 많다. 이야기의 구성에 짜임새가 없는 것은 작가가 이야기를 풀어나가지 않고, 이야기를 쌓아 두는 데 그 원인이 있다. 쌍둥이 자매의 탄생, 학교에서 일어난 갖가지 일화, 의연금 모집자의 방문에 이은 사제와 교구재산 관리위원의 방문이 소설의 처음을 열고 있다. 샤를씨 집의 건축, 샤를과 잡화점 주인인 랭슈의 사기행각, 농사공진회 장면, 스쿠인이 아끼던 암소를 죽인 재단사의 출현, 누이동생의 험담을 일삼는 자들에 대한 두 형제의 복수, 제레미 삼촌의 방문 등이 그 뒤를 잇는다. 독자들은 일련의 불행한 사건들도 목격하게 된다. 사고로 불구가 된 샤를로, 목매달아 자살한 위르젤의 남동생, 익사한 노인 장드롱, 고독과 권태 속에서 죽음을 기다리는 샤를로와 스쿠인의 무의미한 삶 등이 그것이다. 그러나 이렇게 무질서하게 얽힌 일화 더미를 헤치고 소설의 중심으로 독자를 안내하는 "아리아드네의 실"이 없는 것은 아니다. 이 더미는 이 '실'에 의해 사등분된 길 양 옆으로 흩어진다.

1) 1장부터 10장까지 스쿠인의 어린 시절과 사춘기가 소개되고 있으며, 2) 스쿠인의 성년기가, 쌍둥이 동생인 카롤린의 결혼식이 거행되는 11장에서 시작되어 17장에서 끝난다. 3) 18장부터 27장까지는 이야기의 중심을 샤를로로 옮기고 있는 다양한 에피소드들이 전개되고 있다. 4) 29장부터 34장까지의 마지막 단계는 위르젤 데샹의 죽음과, 가장의 죽음으로 인해 가족이 마을로 떠나지만 이 마을에서 데샹 가족은 후회와 권태의 나날을 보낸다.

시간 순으로 배열된 사건과 병렬적인 에피소드의 구성은 작가가 의도했던 이 소설의 힘을 상징한다. 작가는 규율과 절제의 서술로 에피소드를 묶는 대신, 이야기들의 독립성을 통해서 작품의 진실을 말하려고 한다. 즉, 그 힘은 자유롭게 이야기되고 있는 여러 사건들의 에너지이며, 이 에너지들은 사방에서 힘을 발휘하며 "향토"의 이면에 숨겨져 있던 또 하나의 얼굴을 드러내는 원동력이 되고 있다. 이 얼굴은 에피소드들의 중력이 되는 "십자가 표시가 된 시고 쓴 빵"이다. "모래처럼 씹기 힘들고 소화가 안 되는" 이 빵은 소설에서 열여덟 번이나 후렴구처럼 반복되며 가톨릭 보수주의 안에 갇힌 비참한 농촌의 실상의 상징물이 되고 있다. 라베르주는 농부의 고된 노동을 찬미하지 않는다. 이들을 위해 개간의 신화는 더 이상 존재하지 않는다. 메마른 땅에 엄청난 양의 땀을 쏟아 보았자 얻는 것이라고는 보잘 것 없는 양의 양식뿐이다. 농사의 즐거움은 사라진지 오래다. 라베르주는 이 경작자들에게 부정적이고 염세적인 시선을 던지며 이들을 "땅으로부터 착취당하는 사람들"이라고 규정한다. 그들은 그저 "덥수룩한 수염에 천연두 자국으로 뒤덥혀 있는 얼굴"을 한 불쌍한 인간들이다. 땅의 이상화를 거부하는 라베르주의 격앙된 사실주의로 인해 《라 스쿠인》은 "반 향토" 소설의 대표적인 작품으로 간주되고 있다.

■ Claude-Henri Grignon[1894-1976]

그리뇽은 생-타델Sainte-Adèle에서 1894년 7월 8일에 태어났다. 2년간 생-로랑 콜레주에서 고전을 공부한 그는 학교를 떠나 개인교사를 두고 공부를 마친다. 공무원과 세관원 생활을 하다가, 1916년 《북방의 장래*L'Avenir du Nord*》지에서 기자활동을 시작한다. 이때부터 《미네르바》, 《르 카나다*Le Canada*》, 《민족주의자*Le Nationaliste*》지에 아티클을 기고한다. 1936년에는 《레 팡플레 드 발동브르*Les Pamphlets de Valdombre*》지를 창간한다. 몬트리올 문학 에콜 회원이기도 했던 그는 무엇보다도 먼저 소설가였다. 1933년 출판된 《한 인간과 그의 죄*Un homme et son péché*》로 유명세를 타기 전에 그는 몇 편의 소설을 썼다. 이 소설은 1935년에는 아타나즈-다비드Athanase-David 상을 획득했으며, 1948년에는 폴 기리Paul Gury 감독에 의해 영화로 만들어졌다. 1962년 캐나다 왕립 학회 회원으로 선출된 그는 1976년 4월 3일 고향인 생-타델Sainte-Adèle에서 생을 마감한다.

한 인간과 그의 죄

Un homme et son péché, 1933

사실주의 소설이자 지역주의 소설인 그리뇽의 이 작품은 무엇보다도 탐욕에 노예가 된 한 인간의 심리적 묘사를 탁월하게 그렸다는 평가를 받고 있다. 세라팽 푸드리에Séraphin Poudrier는 땅의 소유주이면서 고리대금업자로 소개된다. 그는 채울 수 없는 금전의 욕망을 만족시키기 위해서 아내와 친구와 마을 사람들을 주저하지 않고 갈취하는 악랄한 인간의 전형처럼 그려지고 있다. 마치 소설의 주요 등장인물로 의인화될 수 있을 정도로 이 수전노의 절친한 친구인 돈은 세라팽에게 권력을 가져다준다. 이 결정적이고 막강한 힘의 상징 앞에서 세라팽의 동향인들은 굴종적이다. 이 권력은 특히 이 대부업자에게 백 달러를 구하기 위해서 온 르몽Lemont과 가톨릭 이데올로기에 의해서만 정당화되는 순종의 상징 그 자체인 도날다 Donalda 푸드리에에게 철저하게 행사된다. 세라팽과 도날다는 극과 극의 커플로 묘사된다. 사디스트적인 세라팽의 지배욕은 마조키스트적인 도날다의 인종적 희생 속에서 성취되고 있는 것이다. 거듭되는 핍박과 모욕을 감내하며 살아간 그녀는 결국 가혹한 궁핍 상황에서 죽게 된다. 아내의 죽음을 지켜보면서도 세라팽의 생각은 온통 이득으로 차 있다. 아내의 죽음에 대한 그의 첫 반응은 앞으로 절약하게 될 의복과 양식이었던 것이다.

인간관계의 기준을 돈에서 찾는 그에게 땅에 대한 기대도 그 기준을 벗어나지 못한다. 그에게 땅은 종족의 생존을 보장했던 상징이 아니다. 땅이 그가 바랐던 충분한 수익을 올리지 못하면 아무런 가치가 없다. 땅은 이제 세라팽과 함께 부를 창출하는 수단 이외에 아무런 이상적이고 상장적인 의미가 없다. 조상이 물려준 이상적인 유산의 의미를 변질시킨 죄였을까? 아내가 죽고 난 이후 혼자 남게 된 세라팽은 탐욕에 더욱 열을 올리다, 화재가 난 집으로 돈을 구하러 들어갔다가 최후를 맞이한다.

《한 인간과 그의 죄》는 퀘벡에서 전례 없는 성공을 거둔 작품이다. 1933년 출판 이후 여덟 번에 걸쳐 새로운 판본이 나왔고, 텔레비전 드라마로 만들어져 15년 이상 동안(1956-1970, 1972, 1977-1978) 시청자들의 사랑을 받았다. 최근에는 영화화되어 많은 영화 비평가들의 주목을 받기도 하였다.

■ Philippe Panneton (dit Ringuet)1895-1960

랭게를 필명으로 하는 필리프 판통은 1895년 4월 30일 트루아-리비에르에서 태어났다. 졸리에트Joliette과 트루아-리비에르에서 고전학을 공부한 그는 아버지의 직업(의사)을 선택하기로 결심하고 1920년에 의사 자격증을 획득한다. 동년 가을 이비인후과를 전공하기 위해서 프랑스로 떠난다. 캐나다로 돌아와서 그는 몬트리올의 노트르담 병원에서 의사직을 수행한다. 1935년에는 몬트리올 의과대학 교수가 된다. 의사직을 수행하면서 랭게는 많은 잡지에 글들을 기고하고, 모작 한 편, 콩트집 한 편, 다섯 편의 소설 등 모두 일곱 편의 작품을 발표한다. 그러나 그의 다른 작품들은 1938년 출판된 《삼십 아르팡》만큼의 명성을 얻지 못하였다. 프랑스계 캐나다 아카데미 창립 일원이기도 했던 랭게는 1956년 포르투갈 주재 캐나다 대사로 임명된다. 1960년 12월 28일 리스본에서 65세를 일기로 생을 마감한다.

삼십 아르팡

Trente Arpents, 1938

《삼십 아르팡》의 주제는 사계절의 순환과 외샤리스트 무아장Euchariste Moisan이 걷는 인생행로가 결합되어 나타난다.

만물이 소생하는 봄은 이야기의 시작을 알린다. 에프랑Éphrem 숙부가 죽자 외샤리스트는 아버지의 땅을 물려받는다. 그는 가문 좋은 알퐁신Alphonsine과 결혼하여 생명의 탄생을 즐기는 이 시기에 세 명의 자식을 얻는다. 가족의 증가는 번영을 동반한다. 그가 일구는 삼십 아르팡의 땅의 수확량은 늘어가고 재산은 쌓여만 간다.

생명이 꽃피우고 열매를 맺는 여름은 외샤리스트에게 또 다른 가족을 선사한다. 그는 프랑스인 유랑자 알베르 샤브롤Albert Chabrol을 고용한다. 미국에 있는 사촌들의 방문은 농사일이 힘겨운 이 여름에 즐거움을 안겨 준다. 그러나 불행한 사건도 일어난다. 열두 번 째 아이를 임신한 알퐁신이 죽는다. 그러나 외샤리스트는 조금도 슬퍼하지 않는다. 작가는 그저 이렇게 알리고 있을 뿐이다. "아내의 죽음은 다행히도 파종이 끝나고 수확을 하기 전, 비교적 일손이 적었던 때에 찾아왔다." 외샤리스트는 알퐁신과 결혼했지만, 그가 사랑한 것은 아내가 아닌 땅이었다. 시간이 갈수록 땅은 아내와 어머니와 정부의 역할을 훌륭히 수행해냈다. 땅의 의인화를 통해서 작가는 외샤리스트의 진짜 부인은 땅이었음을 확인시키고 있다. 그래서 아내는 죽었지만, 땅은 이에 아랑곳하지 않고 자기의 욕구를 계속해서 채워나간다. 맏딸이 어머니의 일을 잇고, 모든 것이 전과 변함없이 흘러간다. 일차 세계대전이 일어나자, 경제상황은 경작자들에게 유리하게 돌아갔고, 무아장 가족은 이 번영의 시기를 놓치지 않았다.

결실의 계절인 가을은 다른 한편으로 낙엽의 계절이기도 하다. 인생의 이 세 번째 시기는 무아장 가족의 추락의 시작이 된다. 그들에게는 불행한 일들이 계속해서 닥친다. 도시생활의 장점들을 자랑했던 미국 사촌들의 영향으로 아들 에프랑은 아버지로부터 물려받은 땅을 정리하여 미국으로 떠난다. 맏아들인 오귀나즈Oguinase가 죽고, 외샤리스트는 이웃과의 소송에서 패하여 엄청난 돈을 잃는다. 공증인은 외샤리스트가 모아놓은 돈을 가지고 도망간다. 게다가 곡물가격은 바닥까지 내려가고, 수확물로 가득했던 곳간은 불이 나서 소실된다. 둘째 아들 에티엔Etienne은 아버지의 재산을 조금씩 빼돌리고, 낡은 재산관리 방식을 문제삼으면서 현대적인 관리방식을 통해 아버지를 몰아낸다.

외샤리스트의 겨울은 너무나도 추운 계절이다. 에티엔에게 모든 것을 넘겨주고 그는 미국으로 가야만 했다. 화이트 폴스White Falls에서의 삶은 그에게 고독과 권태와 슬픔만을 가져다주었다.

소설의 줄거리는 1887년부터 1932년까지의 퀘벡 역사와 맞물려 있다. 물질적이고 정신적인 삶의 새로운 가치들이 밀려들고 있는 시기에, 가톨릭은 문을 걸어 잠그고 꼼짝 않고 있다. 도시화와 '타자'의 쇄도에 가톨릭은 걸려 넘어진다. 가톨릭의 땅은 외샤리스트에게 행복을 주었지만, 그의 자손들은 그 땅을 아버지처럼 생각하지 않는다. 에티엔에게 땅은 경제적 이윤 창출의 수단일 뿐이다. 에프랑 무아장은 아버지의 고된 삶을 거부하고 훨씬 편한 다른 삶을 동경하여 땅을 버리고 도시로 떠났다. 변화를 읽지 못하고 자기 울타리에 갇혀 살았던 외샤리스트의 어리석음으로 인해 "아버지의 땅"의 신화는 현실이 아닌 과거의 향수 속에 묻혀버리는 것이다. 1930년대에 쓰인 이 마지막 지역주의 소설은 이렇게 시대의 내적·문화적 위기를 말하면서, 진화와 진보의 시기에 적합한 이데올로기적 선택의 필요성을 역설하고 있다.

3장
변화의 십자로 1945-1959

해방의 길목

번영의 미래를 설계하지 못했던 프랑스계 캐나다 사회의 가톨릭 민족주의는 1929년의 경제공황을 고비로 균열의 상처를 입는다. 제이차 세계대전이 끝나고 나서부터는 그 붕괴의 속도가 빨라진다. 다른 유럽 국가들과 마찬가지로 퀘벡도 변화다운 변화를 경험한다. 공식적인 입장이 어떻든 간에 퀘벡은 더 이상 농촌이 아니었다. 1930년대의 불경기로 인하여 정지되었던 급격한 도시화 움직임이 제이차 세계대전 기간 중에 다시 시작되었고 1950년대에는 더욱 가속화되었다. 1941년에 255,000여 명이었던 농업종사자들은 1956년에 이르러 166,000여 명으로 감소했다. 그들은 농촌을 떠나 도시에서 수공업자, 목수, 공장노동자가 되었다. 그때까지만 해도 시골의 전통을 고수하는 거대한 마을들의 집합에 불과했던 몬트리올과 퀘벡 시는 새로운 가치들이 만들어지는 진정한 용광로였으며, 새로운 연대감을 형성해 갔다. 거기다 도시에 살면 여러 편리한 시설의 혜택을 누리게 됐다. 예를 들어 도로정비와 교통수단의 향상, 전기시설, 혁명적인 전화시설 등은 도시에 살고자 하는 욕망을 더욱 부추겼다. 도시는 점점 더 거역할 수 없는 강력한 문화적인 힘이 되었다.

이렇듯 변화를 거듭하는 사회에서 교육과 사회복지 부문에서 전통적으로 많은 책임을 수행했던 가톨릭 교회의 역할이 감소되었다. 변화의 폭에 비해 교회는 그때까지 교회가 담당했던 사회적 임무를 지속하기에 충분한 재정적 자원을 갖추지 못했다. 반면 정부는 직업교육망을 구축하고, 양로원 체계에 필요한 양로비를 충당해야 했으며, 영세민들을 위한 직접적인 지원을 다양화해야 했다. 퀘벡을 프랑스, 농업 가톨릭 사회로 규정한 교회의 공식적인 이데올로기는 현실을 반영하지 못했다. 1950년에 발간한 공동 서신에서 주교는 도시를 성화聖化의 장소로 규정하긴 하지만 이는 너무나 때늦은 것이었으며, 다만 성직연구 위원회의 소수 위원들만이 이에 동조했을 뿐이었다.

문화계에서도 이 변화의 물결을 빗겨가지 않았다. 문인, 조각가, 화가 등 예술가 집단이 정부의 모든 규제에 대항해서 목소리를 높임으로써 그들의 사회적 위치를 확보하였다. 이들은 붓과 끌과 정과 펜으로 긴 터널을 지나 빛의 세계로 인도하는 길을 제시한다. 이 항의의 이데올로기는 1948년 8월 9일 《총체적 거부*Refus global*》라는 제하의 선언서에서 극명하게 나타난다. 화가 보르뒤아스Paul-Émile Borduas를 중심으로 16명의 자유주의 성향의 예술가들이 서명한 이 선언서는 "1760년부터 매끈한 공포의 벽 안에 갇힌" 퀘벡을 고발한다. 이 선언서는 "현재와 미래를 대량으로 살상하는 과거의 더욱 거세진 폭력을 끝내라"라는 투쟁적인 문구로 끝을 맺는다.

많은 잡지들도 항의의 선두에 섰다. 그중에서 《임무 교대*La Relève*》, 《자유 도시*Cité libre*》, 《자유*Liberté*》와 같은 잡지들이 현 정부의 무기력한 정책을 비판하고 변화를 촉구하였다. 새로운 출판사도 생겨났는데, 특히, 1952년 민족의 시인 가스통 미롱Gaston Miron 외 5인이 공동으로 출판사 엑사곤Hexagone을 창설한다. 엑사곤은 몬트리올을 중심으로 태동된 도시 문학, 말하자면 시골의 전통과 가톨릭적 사회에서 벗어나 문학의 근대성을 퀘벡의 정체성과 묶어 문단을 인도하는 역할을 담당했다. 한편, 같은 해에 텔레비전이 처음으로 보급되어 퀘벡을 외부 세상에 열어 놓는 기회를 만들었고, 프랑스계 캐나다인들의 사고방식을 바꿀 수 있는 계기를 마련하였다.

정치·경제·문화·사회 등 전 분야에 걸쳐서 변화의 목소리가 등장했던 이 전환기는 전통적인 민족주의적 담론에 제동을 건다.

이 시기는 과거, 가족, 종교 등 옛 공동체적 가치들의 피난처를 종속의 도구로 간주한다. 생존의 이데올로기는 멀지만 가능한 새로운 공동체의 탄생을 기원하는 총체적 문제제기 앞에서 그 세력을 잃는다. 다시 말해 '향토'의 흔적들은 뿔뿔이 흩어지고, 조국이란 신화의 땅은 모든 실망과 의심의 장소가 된 내면의 공간에 자리를 내어주게 된다. 그러나 무엇보다도 이 공간은 현실적 삶의 유일한 공간이 된다. 이 역사적 전환기는 시대에 맞는 새로운 제 가치들의 발아에 양질의 토양을 제공했으며, 이 제 가치들은 후에 "조용한 혁명"의 도래와 함께 그 빛의 결실을 맺을 것이다.

기억과 망각의 사이

이 시기는 소설과 연극과 수필이 성숙의 문턱에 이른 이른바 문학이 개화를 준비하던 시기였다. 작가들은 새로운 사회 현실에 무감각할 수 없었다. 작품의 주제는 물론이고 그 형식에도 깊은 변화가 있었다. 도시의 얼굴이 소설 속에 처음으로 등장하였다. 소설가들은 도심에 이주한 프랑스계 캐나다인들의 불안정한 상황을 사실적으로 묘사하기 시작하였다. 이렇게 시작된 소설들은 곧이어 이 새로운 도시민들의 내면과 상처받은 영혼의 분석을 보여 줄 것이다. 도시생활에서 빚어지는 고독, 죄의식, 소외 현상 등이 소설의 주요 주제로 떠올랐다.

작가들은 또한 전통적인 글쓰기 방식에서 탈피하려는 움직임을 보였다. 장황하게 늘어놓는 낡은 수사법과 단선적인 이야기의 흐름이 간단한 표현과 복합적 구성으로 변한다. 작가는 사건의 서술, 편지, 일기, 독백 등을 병렬한다. 주로 주인공이 그 역할을 담당했던 내레이터는 이제 더 이상 하나의 목소리를 내지 않는다. 이야기는 여러 명의 내레이터를 등장시키고, 따라서 내레이터들의 관점은 복수가 된다.

가브리엘 루아Gabrielle Roy는 《싸구려 행복*Bonheur d'occasion*》에서 도시에 이식된 농촌 주민들의 삶을 세세하게 묘사한다. 도시 노동자 계급의 주 형성층이 되어버린 프랑스계 캐나다인들은 좀처럼 쉽게 도시환경에 적응하지 못한다. 감옥인 이 도시에서 청년들과 노인들이 벗어날 방법은 오직 하나, 군에 입대해서 전장에 나가는 것이다. 로제 르믈랭Roger Lemelin은 《플루프 씨네*Les Plouffe*》에서 도시 노동자 계층의 무기력함을 희화적으로 그리고 있다. 하지만 쇠퇴해 가는 당시 문화현상에 대한 작가의 염려스러운 의식도 나타나 있다. 제라르 베세트Gérard Bessette의 《난투*La bagarre*》는 학업을 계속하기 위해서 돈을 벌어야만 하는 주인공을 중심으로 학생들과 도시 노동자들의 야망과 관심사들을 이야기하고 있다.

세상의 현실주의적인 급변에 던진 소설가들의 시선이 물론 도시로 떠밀려 온 농촌주민들의 물질적인 궁핍과 정신적인 고뇌에만 한정된 것이 아니다. 무엇보다도 프랑스계 캐나다인들의 미래를 염려했던 그들은 도시적 고난의 출구를 찾지 못하고 있는 이 피지배 계층의 조건과 운명을 통해서, 이들의 민족적 정체성에 대한 물음을 "향토"적 시각과는 다른 새로운 각도에서 던지고 있다. 복잡한 사회 구조 속에 얽힌 이 주변인들이 소외 현실에서 벗어날 수 있는 방법이 있을까? 그 방법이 있다면, 이들이 자기 의지대로 선택할 수 있는 것인가? 이 가능성 찾기에 이들의 행복한 미래가 달려 있다.

'옛 것'에 대한 믿음과 '새 것'의 유혹 사이에서 갈팡질팡하는 이들의 운명은 처절하다. 만성적인 실업상태, 잡역, 저임금, 비좁은 숙소, 특히 부모 세대의 꿈과 자식 세대의 이상 사이에 놓인 깊은 골 등이 그들을 괴롭히고 있다. 소설가들은 고향 땅을 떠나 와 소외되고 무시당하는 이들의 내면을 다룬다. 소설의 주제가 이제부터 그룹의 문제에서 개인의 문제, 공적인 영역에서 사적인 영역으로 옮겨간다. 이 사실은 퀘벡 소설사에서 매우 주목할 만한 현상이다. 이전 세대까지의 소설이 단일한 기호체계로 이루어진 공동체 소설이었다면, 개인 소설이라 이름할 수 있을 이 심리소설은 이중의 기호체계 위에서 움직이는 이야기 형식을 이용하면서 프랑스계 캐나다의 문화를 비판한다. 민족적 서사시를 노래했던 공동체 소설은 국가적 대의를 위해 희생의 고통을 감내하는 인물을 영웅으로 추앙했다. 개인 소설은 기존 가치체계에 대한 반항과 거부를 존재이유로 삼은 주인공의 의식적 행위를 바탕으로 이러한 서사시를 빈 개념으로 만든다. 작가는 개인과 공동체라는 이 두 범주 사이에 긴장관계를 구축하여, 마침내 공동체의 하나로 통제된 사고의 벽을 무너트림으로써 폭발한 개인의 분노를 정점에 올려놓고 있는 것이다.

안 에베르Anne Hébert의 《급류*Le torrent*》는 자아와 세상 사이의 균열을 경험하고 있는 주인공의 감정과 욕망을 통하여 개인을 공동체의 개체로만 인정했던 예전의 만장일치의 신화에 도전을 하고 있다. 앙드레 랑주뱅André Langevin은 《도시의 먼지*Poussière sur la ville*》에서 주인공의 긴 내적 독백을 통해 진정한 인간들의 모습이 사라져가는 비극적 장면을 연출하고 있다.

퀘벡은 유럽 각지의 이주민들과 대륙의 원주민이 모자이크처럼 짜인 복수 문화의 사회였다. 그러나 대부분의 소설가들은 퀘벡을 가톨릭 신앙과 프랑스 문화의 동질적 사회로 표현하고 있었다. 이브 테리오Yves Thériot는 이 땅의 소수민족에게 시선을 던진 이 시기의 대표적 소설가였다. 《아롱*Aaron*》은 몬트리올의 유대인들의 삶을 그리고 있으며, 《아시니*Ashini*》는 백인 점령자들에 의해 내몰린 아메리카 인디언들의 혼란스러운 상황을, 《아가국*Agaguk*》은 백인과 이누이트 족 사이의 관계를 묘사하고 있다. 역사에 의해 외면당하고 외부세상의 낯선 문화와 갈등을 겪어야만 했던 이 소수 집단의 드라마는 도시에서 역시 소수 이주민인 프랑스계 농촌 생활자들의 드라마와 다르지 않았다.

이 시기의 주요 소설가와 대표 작품

■ Gabrielle Roy1909-1983

가브리엘 루아는 1909년 3월 22일 마니토바 주의 생-보니파스Saint-Boniface에서 태어났다. 아카데미 생-조제프Saint-Joseph에서 수학한 그녀는 위니펙Winnipeg 사범학교에서 1929년 교사 자격증을 획득한다. 생-보니파스에서 8년 동안 교편생활을 하며 연극 공부를 한다. 1937년 루아는 극작법 공부를 위해 2년 동안 런던과 파리에서 공부한다. 캐나다로 돌아온 그녀는 몬트리올에 정착하여 여러 잡지와 신문에 기사를 기고한다. 1945년 그녀의 첫 소설 《싸구려 행복》이 출판된다. 이 소설은 그녀에게 1947년 프랑스 페미나상의 영예를 안겨준다. 소녀적 꿈을 이룬 루아는 동년 의사인 마르셀 카르보트Marcel Carbotte와 결혼한다. 소설의 성공 뒤에 오는 모든 정신적 부담감을 떨치기 위해, 이 부부는 유럽으로 떠나고, 그녀는 그곳에서 1950년 출판될 두 번째 소설 《새끼 쇠물닭*La Petite poule d'eau*》을 집필한다. 1957년 프티트-리비에르-생-프랑수아Petite-Rivière-Saint-François에 정착한 그녀는 1983년 7월 13일 심장마비로 사망할 때까지 이곳에서 집필을 하며 평생을 보낼 것이다. 이 다작의 작가는 주로 자기 생애와 관련된 사적인 작품을 많이 남겼다. 1956-60년대에는 《알렉상드르 셰느베르*Alexandre Chenevert*》, 《데샹보 거리*Rue Deschambault*》, 《비밀의 산*La Montagne secrète*》을, 1970-80년대에는 《알타몽으로 가는 길*La Route d'Altamont*》, 《노래하는 올 여름*Cet été qui chantait*》, 《내 생애의 아이들*Ces enfants de ma vie*》, 《무엇 때문에 고민하나, 에블린?*De quoi t'ennuies-tu, Évelyne?*》 등이 출판되었다.

싸구려 행복

Bonheur d'occasion, 1945

《싸구려 행복》은 1930년대 경제공황으로 큰 타격을 받은 몬트리올의 빈민가 생-탕리Saint-Henri의 한 노동자 가족의 이야기를 배경으로 하고 있다. 열두 자녀 중 첫째인 플로랑틴 라카스Florentine Lacasse는 식당의 여급으로 일하면서 받는 쥐꼬리만 한 월급으로 가족을 부양하고 있다. 그녀는 바로 이곳에서 장 레베크Jean Lévesque를 만난다. 기계 수리공인 레베크는 이 비참한 환경에서 벗어나 사회적 상승을 꿈꾸는 야심가다. 그는 플로랑틴과 사랑이 없는 동침을 한다. 플로랑틴을 사랑으로 받아들이는 것은 그에게 야망의 꿈을 포기하고 이 빈민가에 남는 것에 다름 아니기 때문이었다. 플로랑틴은 장의 아이를 임신하고 절망에 빠진다. 이때 장의 친구 에마뉘엘 레투르노Emmanuelle Létourneau가 등장한다. 그는 플로랑틴을 진심으로 사랑한다. 그녀가 임신한 사실을 모른 채, 그는 그녀와의 결혼을 약속한다. 그러나 형제애와 평화와 사회정의 실현을 이상으로 삼았던 그는 플로랑틴을 남겨 두고 전장으로 떠난다.

소설 전체를 관통하고 있는 제2차 세계대전은 생-탕리 주민들에게는 재앙으로 인식되지 않는다. 전쟁은 이 빈민들에게 마지막 구원의 손길처럼 드러난다. 게으름뱅이에다 "싸구려 행복"에 만족했던 아버지 아자뤼 라카스Azarius Lacasse는 아들 외젠Eugène처럼 군에 입대함으로써 무능함에서 벗어난다. 일이 없었던 이 지역의 다른 젊은이들도 이 구원의 길을 택함으로써 생애 처음으로 봉급이라는 것을 손에 쥐어 본다. 아자뤼는 부인 로즈-아나Rose-Anna를 홀로 남겨 두고 떠나지만, 다달이 보내주는 90달러 덕분에 로즈-아나는 빈곤에서 해방된다.

루아는 이 작품에서 전쟁보다 도시에서의 삶을 훨씬 고통스럽게 받아들이는 주민들의 비극적 드라마를 보여주려고 했다. 그러나 사실주의 소설인 《싸구려 행복》은 도시 빈민가 주민들을 기다리고 있는 운명에 대한 항변이 아니다. 그것은 오히려 연명하는 수준의 도시 빈민들이 빠져 있는 가난함을 그대로 드러내는 것이다. 도시는 아무런 준비도 하지 못한 채 들어온 이들을 환영하지 않는다. 도시와 화합하지 못하는 적응 불능의 인간들에게 남은 유일한 정의는 죽음뿐이다. 생존을 확보하기 위해 목숨을 담보로 내놓는 이들의 역설적 행위가 그것이다. 루아도 이러한 현실에 저항하지 않는다. 작가는 마치 비극을 쓰는 것처럼 주민들의 궁핍을 관찰하고 기술하는 데 만족하고 있다. 그러나 루아는 그녀의 기술행위를 통해 독자들의 감정을 움직여서, 버려지고 거부당한 주민들의 물질적 가난과 정신적 타락을 깨닫게 할 줄 알았다.

■ Roger Lemelin 1919-1992

1919년 4월 7일 퀘벡 시에서 태어난 로제 르믈랭은 작가로서의 이력을 시작하기 전에 경제적 사정으로 인하여 몇몇 일터를 전전해야만 했다. 과일과 야채를 파는 상인으로부터 시작해서 회계원을 거쳐 기자생활을 하였다. 1944년 그는 첫 소설인 《완만한 비탈 아래서*Au pied de la pente douce*》를 출판한다. 출판 즉시 비평가들로부터 찬사를 받은 이 작품은 《싸구려 행복》의 생-탕리를 연상시키는 퀘벡 시의 빈민가 생-소베르Saint-Sauveur를 배경으로 하고 있다. 1948년부터 1952년까지 그는 미국 잡지인 《타임*Time*》, 《라이프*Life*》, 《포춘*Fortune*》지의 캐나다 특파원 생활을 한다. 1948년 출판된 그의 두 번째 소설 《플루프 씨네》은 1953년 텔레비전 영화로 각색되어 6년간 대단한 성공을 거둔다. 이 작품은 1954년 문학 · 예술 아카데미로부터 상을 수여받게 된다. 1961년부터 사업가로 변신한 그는, 1972에는 일간지 《라 프레스》지의 회장이 된다. 근 20여 년간 문학활동을 멈췄던 그는 1979년 수필집 《희망의 길*Les Voies de l'espérance*》을,

1980년에는 지난날의 추억을 담은 《금 반바지*La Culotte en or*》를, 1982년에는 《오비드 플루프의 범죄*Le Crime d'Ovide Plouffe*》를 차례대로 출판한다. 일화 모음집인 《흡연자의 시체해부*Autopsie d'un fumeur*》는 1988년에 출판될 것이다. 1992년 생-토귀스탱-드-데모르Saint-Augustin-de-Desmaures에서 사망한다.

플루프 씨네

Les Plouffe, 1948

《플루프 씨네》는 독자를 퀘벡 시의 노동자 빈민촌으로 안내한다. 이곳에는 전형적인 퀘벡식의 가족이 산다. 식자공인 아버지는 보이지 않는 가족의 구성원으로 소개되지만, 정치문제에 있어서만큼은 대단한 소신을 가지고 있다. 영국 왕이 퀘벡에 왕림하셨을 때, 영국인들에 대해 원한을 품고 있었던 그는 환영회에 참석하지 않는다. 이로 인해 그는 곧 일자리를 잃는다. 이 부당한 해고에 대항하기 위해 노동자들이 단결한다. 이 항의시위 끝에, 테오필Théophile 플루프는 온몸이 마비되는 변을 당한다. 노동자들은 파업을 불사하면서까지 투쟁을 계속한다. 젊은 기자인 드니 부셰Denis Boucher는 테오필과 노동자들의 편에 서서, 민족주의의 색채가 묻어나는 두 편의 기사를 쓰면서 이 갈등의 상황 속에 끼어든다.

이러한 사회·정치적 차원 이외에, 소설은 다른 등장인물들의 개인적인 드라마를 다루고 있다. 플루프의 자녀 중 제법 지적인 오비드Ovide는 노동자의 아들로서 오페라에 대한 그의 열정 때문에 웃음거리가 되고, 실연을 당하여 수도원으로 들어간다. 종교적 신념이 아닌 사랑의 아픔 때문에 이러한 선택을 했기 때문에 오비드는 수도원을 나와 결국 리타 툴루즈Rita Toulouse와 결혼하게 된다. 나폴레옹Napoléon 플루프는 폐결핵에서 완쾌한 잔Jeanne과 결혼을 한다. 운동선수인 기욤Guillaume 플루프는 미국 야구팀과의 계약이 성사되지 않자 모든 희망이 물거품이 된 것을 보고 군에 입대하여 이차 세계대전이 한창인 유럽으로 떠난다. 기욤이 입대했다는 소식을 듣자 아버지 테오필은 즉사한다. 외동딸인 세실Cécile은 순정적인 사랑을 해왔던 결혼한 친구 오네짐Onésime이 사고로 죽자 "노처녀"로 살아갈 것을 다짐한다.

르블랭은 루아처럼 노동자들의 환경을 그리면서, 이 힘겨운 상황의 출구를 등장인물들에게 부여하지만 이 출구와 신분의 불일치가 가져다주는 환멸을 드러내고 있다. 《싸구려 행복》의 노동자들의 출구는 목숨을 건 돈이었다. 하지만 이 돈이 노동자들에게 환멸의 부메랑으로 돌아오지는 않았다. 《플루프 씨네》의 오비드는 문학과 음악에 심취해 있었고 나폴레옹은 스포츠에 열정이 있었지만, 그들의 문화세계는 그들의 노동자 환경과 부합하지 않았기 때문에, 그들은 사회의 '쓴 맛'을 경험하게 된다.

전생이 돈과 결합된 《싸구려 행복》의 구세주였다면, 한편 《플루프 씨네》는 이차 세계대전 파병을 결정했던 정부의 계획을 막기 위해 싸우는 퀘벡 시민들의 단결된 힘을 보여준다. 신에게 정부의 파병 결정을 철회해 달라고 기도하는 그들에게서 신앙과 애국심이 다시 한 번 결합되는 상황을 볼 수 있다. 이 애국주의의 부활은 영국인들에 대한 적대감으로 드러나기도 한다. 영국인들이 과거 프랑스계 캐나다인들에게 저질렀던 모든 죄악을 의식하고 있었던 테오필은 영국왕의 환영회에 참석하지 않음으로써 그 적대감을 보였던 것이다. 그러나 이 애국주의의 표시는 이번에는 종교인들을 배제한다. 테오필의 '일탈행위를' 두고 교구 사제인 폴베슈Folbéche는 누벨 프랑스 시절 영국이 침략하여 언어와 신앙과 종족을 말살하려고 했던 만행을 언급하면서도, 테오필이 영국 왕에 충성하지 않았던 행동을 비난한 것이다. 프랑스계 시민들은 이 땅에서 자자손손 영속되어야 할 존재들이기에, 이들의 진보와 번영을 묶어두었던 종교적 보수주의에 대한 작가의 불신의 표현일 것이다.

■ Gérard Bessette 1920-2005

1920년 생트-안-드-사브르부아Sainte-Anne-de-Sabrevois에서 2월 25일에 태어난 제라르 베세트는 생-티냐스Saint-Ignace 콜레주에서 고전을 공부했으며, 1944년에는 자크 카르티에 고등사범학교École Normale Jacques Cartier에서 프랑스 문학사 학위를, 1950년에는 몬트리올 대학에서 프랑스 문학 박사학위를 취득한다. 그의 박사학위 논문은 1960년 "프랑스계 캐나다 시의 이미지Les images en poésie canadienne-française"란 제명으로 출판된다. 시인으로서 그의 문학 이력을 시작한 그는 1950년대 퀘벡 사회를 사실적이고 풍자적으로 묘사한 세 편의 작품을 출판한다. 《난투》(1958), 《서적상*Le Libraire*》(1960), 《교육자*Les Pédagogues*》(1962)는 당시 사회에 만연해 있던 전통의 무게를 고발한다. 이후 베세트는 《비등하는 문학*Une littérature en ébullition*》(1968), 《세 명의 퀘벡 소설가*Trois romanciers québécois*》(1973), 《나의 소설들과 나*Mes romans et moi*》(1979)로 캐나다 심리비평의 선구자로 나선다. 1965년 《알품기*L'Incubation*》로 캐나다 총독 상을 획득한 이후, 그는 동시대 캐나다 소설 형식의 모태가 될 정도의 독창적인 기법으로 작품들을 창조한다. 《순환*Le Cycle*》(1971), 《유인원*Les Anthropoïdes*》(1977), 《한 학기*Le Semestre*》(1979), 《오메르 마랭의 진술*Les Dires d'Omer Marin*》(1985)이 바로 그 작품들이다. 그의 거의 모든 작품들은 개인과 집단 간의 복합적인 관계와 갈등을 그리고 있다. 2005년 2월 21일 온타리오 주의 킹스톤에서 사망한다.

난투

La bagarre, 1958

《난투》는 몬트리올 대학교 문과대학 학생인 쥘 르뵈프Jules Lebeuf와 그가 알고 지내는 사람들의 세계를 이야기하고 있다. 쥘은 학업을 계속하기 위해서 도시 교통 공사에서 청소부 일을 한다. 그가 몸담고 있는 두 환경은 그의 관심사를 반영한다. 학업은 소설을 쓰기 위한 발판이며, 노동은 노동자들의 권익을 지키기 위해서다. 그는 식당 여급인 마르고Margot와 동거생활을 하지만, 이 관계에 만족하지 못한다. 젊은 프랑스계 캐나다인들에 대해 박사학위 논문을 쓰러 퀘벡에 온 미국인 학생 캔 웨스턴Ken Weston과 동성연애자인 자신을 인정하기 힘들어 하는 오귀스탱 실러리Augustin Sillery와 자주 만난다. 소설이 제기하는 본질적인 문제는 이들이 안고 있는 이러한 현실의 상황에서 발생한다. 사회계층의 양극화 현상이 뚜렷한 몬트리올과 퀘벡 시에서 어떻게 지적인 활동을 할 수 있을까? 어떻게 소설(르뵈프의 경우)과 수필(실러리의 경우)과 논문(웨스턴의 경우)을 쓸 수 있겠는가? 보다 나은 노동 조건을 획득하기 위해서 파업을 해야만 하는가? 태생이 노동자인데 어떻게 중등교육을 수행할 수 있을까(르뵈프의 동료 딸인 지젤Gisèle의 경우가 그러하다)?

이렇게 구성된 주요 테마와 함께 소설의 제 일부는 두 개의 내용으로 나뉜다. 하나는 등장인물들의 문화적 차이를 부각시키면서 동성애의 고독과 싸우며 밤마다 방황하는 실러리의 운명적인 삶을 보여준다. 다른 하나는 지젤의 장래에 대해 물음을 던지면서 노동자의 세계에 초점을 맞추고 있다. 제이부는 소설의 제명인 "난투"와 관계있는 에피소드를 중심으로 정리된다. 실러리와 지젤, 웨스턴과 그의 하숙집 여주인 테레즈, 두 커플은 카바레에서 미국과 멕시코 여행객들과 함께 있는 르뵈프와 마주친다. 미성년자이자 자신의 피보호자인 지젤을 보고 놀란 르뵈프는 그녀를 밖으로 데리고 나가려 한다. 싸움이 시작된다. 실러리는 곧 르뵈프에게 제압당하고, 술 마시던 사내들, 웨스턴 그리고 미국인 관광객들이 차례로 끼어든다. 그들은 쫓겨난다. 르뵈프는 지젤을 그녀의 집으로 데려가고, 술 취한 테레즈가 동행을 거부해서 웨스턴은 혼자 귀가한다. 실러리는 자신의 무기력함을 자책하고 고독 속에 몸부림친다. "난투"가 끝난 뒤부터 소설은 결론으로 향한다. 이 결론부는 제 일부에서 던졌던 물음에 부정적인 답변을 한다. 먼저 자신의 장래를 곰곰이 생각해 본 르뵈프는 부당하게 해고된 늙은 부불Bouboule의 일을 책임지기로 한다. 그가 감독직을 수락한다는 조건하에 부블의 복직이 가능하다는 영국인 사업주 스티븐Steven의 제안을 받아들인 것이다. 그는 노동과 지식욕 간의 화합을 이루어내지 못했다. 실러리의 야간 방황은 일종의 자기 유배, 아프리카 여행으로 끝을 맺는다. 웨스턴은 자기가 나아가야 할 길을 찾지 못하고 있는 이 프랑스계 캐나다인들을 정의할 수 없었는지 논문을 포기하고 떠난다. 지적 행위와 노동 해방, 즉 사적인 것과 집단적인 것의 성취는 말과 생존, 밤과 낮, 노동자와 부르주아의 타협을 통해서만 이루어질 수 있을 것이다.

그러나 이들의 실패는 근본적으로 다른 곳에 있었다. 작가의 시대적 자각이 그대로 반영된 등장인물들 개개인의 언어 환경이 그 원인이 되었다. 소설은 퀘벡식 프랑스어인 주알joual, 은어, 무국적 프랑스어, 프랑스계 주민들이 사용하는 영어, 미국 학생이 쓰는 프랑스어 등 다양한 표현 형태를 담고 있다. 이 이질적인 언어들의 혼재는 퀘벡이 아직도 여러 층위에서 안고 있는 언어 정체성의 문제를 간접적으로 드러낸 일면이다. 이 복잡한 언어 환경에 동화된 학생-노동자인 르뵈프는 소설 기술의 수단을 찾을 수 없었다. 학생-부르주아인 실러리는 댄디들의 세련된 말투를 사용할 정도까지 언어를 다듬었지만, 자신의 성적性的 정체성으로 혼란을 겪은 나머지, 그의 순화된 언어는 기술에까지 이르지 못하고 말하기에서 멈춘다.

반면 이 언어적 "난투"의 승리자도 있다. 작가는 마치 소설을 다양한 언어 실험의 장처럼 만들며 퀘벡 문학만이 지닐 수 있는 문체의 탁월한 힘을 보여주었다. 진실과 유머가 병합되는 이 문체의 놀이가 너무 극단적으로 치우쳤다는 부정의 평도 있었지만, 사회·문화적인 문제를 일상 행위의 서술로 드러냈다는 점에서, 도시 문제를 순수한 문학적 차원에서 다룰 수 있다는 가능성을 제시하였다. 이 가능성은 매우 중요하며 주목해야만 한다. 퀘벡 사회의 모든 복잡성을 껴안아야 하는 이 가능성 위에서 퀘벡 고유의 문화가 서기 때문이다.

■ **Anne Hébert** 1916-2000

시인이자 극작가이자 소설가인 안 아베르는 1916년 8월 1일 생트-카트린-드-라-자크 카르티에Sainte-Catherine-de-la-Jacques Cartier에서 태어났다. 퀘벡의 노트르-담-드-벨뷔Notre-Dame-de-Bellevue와 메리시Mérici 콜레주에서 수학했다. 1930년대부터 작가로서의 이력을 시작한 그녀는 친척이자 시인인 생-드니 가르노Saint-Denys Garneau의 권유에 따라 《임무교대*La Relève*》지의 일을 맡게 된다. 1950년부터 1954년까지 라디오-캐나다 방송국에서 일을 하였으며 국립 영화 제작소를 위해 시나리오를 쓴다. 시인으로 널리 알려진 안 에베르가 원숙한 시인이 되기까지에는 세 시기의 도정이 있었다. 자신을 꿈의 세계와 연결된 비정상적인 상태에서 사는 사람으로 표현한 1942년의 첫 시집 《불안정한 꿈*Les Songes en équilibre*》, 삶과 죽음, 꿈과 현실이 충돌하는 상징적 비극의 관계를 노래한 1953년의 《제왕들의 무덤*Le Tombeau des rois*》, 해방된 자아를 말했던 1960년의 《말의 신비 *Mystère de la parole*》는 그의 시 세계를 단계별로 잘 나타내고 있다. 그녀는 퀘벡 소설사에서도 중요한 작품을 많이 남겼다. 《급류》(1950), 《나무로 된 방*Les Chambres de bois*》(1958), 《카무라스카*Kamouraska*》(1970), 《안식일의 아이들*Les Enfants du sabbat*》(1975), 《엘로이즈*Héloïse*》(1980), 《바상의 미치광이들*Les Fous de Bassan*》(1982), 《최초의 정원*Le Premier jardin*》(1988), 《몽상에 잠긴 아이*L'Enfant chargé de songes*》(1992), 《오렐리앙, 클라라, 마드무아젤 그리고 영국인 중위*Aurélien, Clara, Mademoiselle et le Lieutenant anglais*》(1995) 등은 안 에베르를 퀘벡 최고의 소설가로 올려놓은 작품들이다. 그녀는 2000년 1월 22일 몬트리올에서 사망한다.

급류

Le Torrent, 1950

제임스 조이스식의 내적 독백이 뛰어난 작품으로 평가받고 있는 《급류》는 다음과 같은 주인공의 내레이션으로 시작한다. "나는 세상으로부터 버림받은 아이이다. 내 의지가 생기기 전에 있었던 의지의 명을 받아 나는 이승에서 가진 것 모두를 거부해야만 했다." 주인공 프랑수아는 이중으로 막혀 있다. 첫 번째 장막은 그가 살고 있는 곳, "연락할 수 있는 모든 길과는 멀리 떨어진 곳", "급류 근처"다. 급류는 그를 외부세계와 차단시켰다. 두 번째 장막은 어머니다. 어머니는 그 시대의 모든 어머니들이 그러했던 것처럼 아들이 신부가 되길 바란다. 그녀는 그렇게 하라고 명령을 하고, 아들은 신부가 된다. 이 이중의 장막으로 인해 프랑수아의 의식 안에 존재하는 유일한 세계는 고독이다. 외부세계를 모르는 그는 홀로 사는 데 익숙해져야만 했다. 강제된 고독에서 오는 이 익숙함은 그의 마음을 안정시킨다. 그가 사는 내적 세계는 일종의 은신처인 것이다. 자신의 내면세계를 지키기 위해서, 프랑수아는 외부세계와의 접촉을 끊는다. 그러나 그는 행복하지 않다. 내적 고통을 겪으면서도 그는 밖으로 향하기를 거부한다. 그러나 그는 자기 위반을 한다. 타인을, 여자를 찾아 나선 것이다. 그는 타인을 만난다. 타인을 만났지만, 그는 다시 고독의 세계로 돌아온다.

프랑수아 페로François Perreault의 회상 속에서 일어나는 이 이야기의 상황은 분명하다. 우리는 "급류 가"(이 작품은 1947년 〈프랑스계 아메리카*Amérique française*〉 지에 〈급류 가Au bord du torrent〉 란 제명으로 발표되었었다)에 있다. 언제 우리를 삼켜버릴지 모르는 급류, 우리를 막아놓은 급류 가에 있다. 그가 서 있는 이 외길의 세계는 과거의 퀘벡이 걸었던 길과 이 길에서 야기된 암울했던 상황들을 암시하고 있다. 영국 정복으로 인해 잃어버린 영광, 닫히고 소외된 사회 속에 갇힌 국가, 엄격한 윤리, 한 마디로 프랑스계 캐나다인들이 겪었던 정신적 드라마가 이 일련의 이야기 속에서 표현되고 있는 것이다.

사회적이고 종교적인 압력에 의해서 가톨릭의 성직을 수행해야만 했던 프랑수아는 사지가 마비된 인간, 급류 가에서 오도 가도 못하고 꼼짝없이 당해야만 하는 굴종의 인간을 대표한다. 이 굴종의 상황에서 탈출하기 위해 소설의 제일부 마지막은 프랑수아의 복수의 내레이션으로 진행된다. 어머니 클로딘 페로Claudine Perreault는 프랑수아가 찬양해 마지않는 그의 말 페르스발Perceval에 밟혀 죽는다. 어머니의 죽음과 함께 어머니가 가졌던 압제적인 권력은 와해된다. 프랑수아는 방황한다. 당연히 죄의식을 느껴야 하지만 그의 감정은 되찾은 자아에 가 닿는다. “나는 쉴 새 없이 자아의 한복판으로 빠져들어 갔다.” 그러나 그는 속죄를 해야만 할 것이다. 속죄는 모든 인간의 운명이기 때문이다. “모든 인간은 자기 몸 안에서 조금씩 새어나오는 알려지지 않은 죄를 지니고 있다. 그는 이 죄를 갚아야 한다.” 죄의식은 내적인 것이지만 업보와 같이 직접적이다. 망상과 기억의 물 위로 몸을 기울인 이 나르키소스는 잠자는 공주처럼 누워 있는 어머니의 얼굴을 보게 되겠지만, 끝없이 소용돌이치는 기억을 되살려내지 않는다면, 자신을 되찾을 수 있을 것이다. 프랑수아는 이제 진짜 급류 가에 서게 되었다. 진퇴유곡의 상황에 몰린 그는 결국 자살한다. 신에 대한 도전은 궁지와 영원한 고독의 운명을 의미하는 것인가?

소설의 주인공은 해방의 길을 알았지만 아직 가톨릭-보수주의에서 해방되지 못했다. 진퇴양난에 빠진 이 비극적인 인간의 모습은 안 에베르 소설 세계의 거의 모든 주인공의 이미지 그 자체가 될 것이다.

■ André Langevin 1927-

앙드레 랑주뱅은 1927년 7월 11일 몬트리올에서 태어났다. 어릴 적 부모를 잃고, 7년간을 고아원에서 보냈으며, 이때의 경험이 그의 소설 속에 깊이 배어들어 있다. 몬트리올 콜레주에서 수학한 그는 1945년에 《의무*Le Devoir*》지에 입사하여 1948년까지 문학 분야에서 활동한다. 《시대》, 《자유》, 《마가진 매클린*Magazine Maclean*》지에도 정치, 문화, 교육에 대한 기사들을 기고한다. 프랑스 실존주의에 영향을 받은 그의 소설들은 절망적인 고독에서 벗어나고 적대적인 세상에서 진정한 자기 정체성을 찾기 위해 투쟁하는 주인공들을 등장시키고 있다. 그러나 그들을 기다리고 있는 것은 고전비극의 숙명과 같은 실패다. 그의 3부작 《밤의 탈주자*Évadé de la nuit*》(1951), 《도시의 먼지》(1953), 《인간의 시대*Le Temps des hommes*》(1956)는 이러한 소설 경향의 증거가 될 것이다. 그 외의 소설 작품으로는 《아메리카의 도약*L'Élan d'Amérique*》(1972), 《공원 안의 사슬*Une Chaîne dans le parc*》(1974)이 있다. 18세기 아카디에서 일어났던 참극을 그린 《사랑의 어둠*Une nuit d'amour*》(1954), 수상이었던 모리스 뒤플레시스Duplessis와 퀘벡 시 행정을 풍자한 《국민의 눈*L'Oeil du peuple*》 등 2편의 극작품도 썼다.

도시의 먼지

Poussière sur la ville, 1953

이 작품은 한 젊은 부부의 삶을 이야기 하고 있다. 단순하면서도 세련된 소설의 구조는 그리스 비극의 구조와 닮았지만, 작가가 사용한 문체와 복잡한 관점은 실존주의 문학의 영향을 받았다.

알랭Alain과 마들렌Madeleine은 광산 도시 매클린Macklin에 정착한다. 마들렌은 이 광산 도시에 도착한 다음 날부터 유부녀로서 이해하기 어려운 행동을 한다. 이곳 주민인 쿠리Kouri의 레스토랑에 가서 선정적인 포즈를 취하며 주크박스juke-box 음악을 듣는다. 그녀는 이 레스토랑에서 리샤르 에튀Richard Hétu를 만난다. 에튀는 그녀와 사귄 지 얼마 되지 않아 그녀를 버리고 다른 여자와 결혼 약속을 한다. 마들렌은 이러한 절교를 받아들이지 못한다. 그녀는 결국 에튀의 살인을 기도하다 실패하자 자살하게 된다. 마들렌이란 인물은 피할 수 없었던 자기 불행의 궤도가 있었던지, 이러한 비극적 운명을 구현했다. 알랭은 이 운명의 무력한 희생자가 되어 도덕적이지 못한 커플의 불륜 행위를 어리석게도 바라보고만 있었다. 아내의 정숙하지 못한 행동에 질투, 분노, 동정, 무관심의 감정을 차례대로 느낀 알랭은 복수의 감정이 일어났지만 술로 이 감정을 억제한다. 하지만 그의 이러한 행위는 의사로서의 평판과 믿음을 잃게 만들었고, 매클린 주민들은 그를 단죄한다.

매클린에는 세 가지의 권력 형태가 존재하고 있다. 사제가 대표하는 종교 권력, 아르튀르 프레보Arthur Prévost가 대표하는 경제 권력, 주민들의 시선이라는 권력이 어둡고 질식할 것 같은 이 도시의 분위기를 형성하고 있다. 이 조그만 사회의 기후와 대기—비, 눈, 결빙, 추위—가 가져다 준 압박도 주민 개개인의 삶을 힘겹게 만들고 있다. 특히 제목이 시사하듯 이 도시의 먼지는 그들에게 이중으로 짐이 되고 있다. 석면 광산에서 불어오는 물리적 먼지와 주민들의 행복에 장막을 친 상징적 먼지가 그것이다. 내레이터인 알랭은 이 상징적 먼지, 이 산업 소도시의 주민들의 보수적인 시선과 역설적으로 이러한 보수주의를 정당화하는 자본주의를 고발한다. 아내의 죽음은 오쟁이진 남편의 방임에도 책임이 있지만, 주민들의 따가운 눈초리와 에튀와 마들렌의 불륜 행각에 제동을 건 독선적인 교구 사제들의 음모, 인간의 정열을 평형화하여 세상을 부동의 것으로 만들려는 그 음모에도 있을 것이다. 삶의 성화와 속화가 교묘하게 타협하고 있는 매클린은 인간의 삶 속에 먼지처럼 파고드는 휴머니즘의 죽음을 눈감아야 할 판이다. 알랭은 삶의 길을 선택하고 잃었던 평판을 되찾기 위해 의사 직을 그곳에서 계속 수행하기로 결심한다. 주민들에 대한 동정과 아내의 복수를 위한 그의 능동적인 선택은 집단을 위한 한 개인의 인본주의적 행위일 것이다. 그는 인간들의 참 모습이 사라져가는 이 비극적인 환경과의 싸움을 다짐하는 내적 독백을 한다. "나는 시 전체에 대항하기 위해서 남아 있을 것이다. 주민들이 나를 사랑하도록 만들 것이다. 마들렌에게는 제대로 주지 못했던 동정심을, 그들에게 넘쳐나도록 할 것이다."

■ **Yves Thériault**1915-1983

1915년 11월 28일 퀘벡 시에서 태어난 이브 테리오는 1921년부터 1929년까지 몬트리올의 노트르-담-드-그라스Notre-Dame-de-Grâce와

몽-생 루이Mont-Saint Louis학교에서 수학했다. 가정 사정으로 인해 공부를 중도에 마쳐야만 했던 그는 사냥꾼, 트럭 운전사, 치즈 장사 등 여러 직업을 전전했다. 1942년부터 1950년까지 그는 국립 영화 제작소와 라디오-캐나다에서 스크립터로 일한다. 1944년 그의 첫 소설인 《단 한 사람을 위한 콩트*Contes pour un seul homme*》가 출판된다. 1950년 프랑스 정부 장학금을 받은 그는 유럽으로 건너가 파리와 이탈리아에서 영화 공부를 한다. 모스크바 국제 영화제에도 초청을 받는다. 캐나다로 돌아온 이후부터 그는 《아롱*Aaron*》(1954), 《아가국》(1958), 《아시니*Ashini*》(1960) 등 소수민족의 애환을 담은 소설과 콩트를 집필한다. 1983년 10월 20일 로우던Rawdon에서 사망할 때까지 소설, 콩트, 연극작품, 텔레비전과 라디오용 대본 등 60여 편의 작품을 집필하였다.

아가국

Agaguk, 1958

《아가국》을 구성하는 여섯 개의 주요 테마를 통해 이 소설의 의미를 가늠해 볼 수 있다. 먼저 주인공인 아가국의 출발이다. 아가국은 타지에서 행복을 구하기 위해 열네 살의 신부인 이리우크Iriook와 함께 부족 마을을 떠나 북쪽의 툰드라 지역에 정착하게 된다. 그가 떠난 이유는 두 가지다. 추장인 아버지 라무크Ramook가 새 엄마를 들이고, 백인 상인 브라운Brown이 마을에 정착하는 것을 허락했기 때문이다. 이 두 가지 이유로 불행했던 그는 이 상인과 모피 거래를 위해 다시 돌아온다. 이누이트족을 착취했던 백인은 아가국을 속이고, 아가국은 그의 오두막에 불을 내 그를 죽인다. 그는 악을 마을에 부른 아버지와 같은 부족 사람들과의 연을 끊는다. 자신의 과거와의 단절인 셈이다.

두 번째 주제는 폭력이다. 《아가국》의 도처에서 발견할 수 있는 폭력은 종종 주인공의 무기력과 연결되어 나타난다. 아가국은 자연의 네 원소에 대항하지 못한다. 매년 어김없이 찾아와서 이 부부를 괴롭히는 겨울에도 꼼짝하지 못한다. 이글루를 보존하기 위해 방풍막을 설치해 보지만, 이런 종류의 일에는 젬병인 자신을 잘 알고 있다. 그러던 그가 아들인 타이아우트Tayaout가 태어날 때, 아이 몸에 묻어 있고 산모가 흘린 피를 보고 폭력적으로 변한다. 어떻게 반응해야 할지, 산고에 신음하는 아내를 어떻게 진정시켜 주어야 할지 몰라서, 아내를 사정없이 때린다. 사랑 행위에 있어서도 이리우크가 주도권을 쥐고 조금씩 가정의 권력을 획득해 나아가자 그는 또 다시 격노한다. 둘 사이에는 침묵만이 있을 뿐이다.

세 번째 주제는 정화의 기능을 하는 물이다. 아가국은 물과 함께 살아가는 법을 배운다. 물은 어머니가 되어 그에게 사랑이 무엇인지 알게 해준다. 아가국이 아버지가 되었다는 기쁨을 남몰래 표현하기 위해 찾았던 곳도 바로 물가다. 이리우크를 위해 그는 빨래와

설거지도 마다하지 않는다. 아내의 일을 나누고, 타인을 존중하는 마음이 이 물에서 시작되어 그를 변화시킨다.

여성을 존중하는 것은 여성을 남성과 동등한 개체로 인정하는 행위다. 네 번째 주제가 되는 이 성性의 문제는 테리오의 전 작품을 차지하고 있다. 사실 남편의 폭력 행위에도 불구하고 이리우크는 아가국의 목숨을 구해 준 적이 있었다. 아가국이 전설의 흰 늑대와 격렬한 싸움을 벌인 끝에 승리를 하지만, 그도 심한 상처를 입고 죽음의 문턱에까지 이른다. 하지만 이리우크의 정성을 다한 보살핌으로 다시 태어난다. 아내의 정성과 물의 정화로 아가국은 더 이상 지배하는 수컷을 고집하지 않는다. 여자도 더 이상 열등한 존재가 아니다. 여자의 가치를 인정하는 것은 관습으로부터의 해방을 의미한다.

자신을 비우는 법을 터득하게 된 그는 다섯 번째 주제인 미래의 희망을 꿈꾼다. 이리우크 덕분에 삶의 지혜를 발견한 아가국은 평화와 행복과 자유를 알게 된다. 그가 죽인 백인 때문에, 백인들에게 처형당한 아버지를 이어 추장이 되길 바라는 부족의 권유를 물리친 것도 바로 이러한 이유 때문이었다. 그가 추장 자리에 오르게 되면 그가 찾은 평화와 자유를 잃게 된다는 걱정이 그를 지배하였던 것이다.

여섯 번째 주제는 이 희망과 연결된 자유다. 그는 부족을 떠나

생활을 하면서 공동생활보다는 개인적 삶을 선호하게 된다. 결국 그는 과거를 거부하게 되고 새로운 윤리에 관심을 갖게 된다. 사랑이 도처에 흐르고 살인이 절대 허용되지 않은 윤리가 과거의 것에 매달려 뒤쳐져 있는 부족 마을에서는 절대 실현될 수 없을 것이다. 변신한 아가국은 이렇게 해서 정신적 낙원에, 행복에 도달한다.

테리오가 이 작품을 쓰면서 북극 지방의 삶을 예찬하면서 당시 사회 문제를 비난하려는 의도가 전혀 없다고 하였지만, 적어도 마지막 세 개의 주제는 그의 이러한 의도와는 상반된 것으로 여겨진다. 실제로 이 소설이 쓰여진 시기는 여성의 사회 참여도가 높아졌고, 그래서 성의 문제가 본격적으로 대두되기 시작했던 시기다. 더구나 아가국은 아들을 낳고 종족을 보존할 수 있게 되었지만, 미래의 희망을 실현하기 위해서 가계와의 연을 끊고 새로운 삶에 걸맞은 새로운 윤리를 내세운다. 테리오는 과거의 영웅주의를 되살리면서, 보수적 현재를 지양하여 발전된 미래를 염원하는 당시 프랑스계 캐나다인들의 열망을 아가국의 성장과정을 통해서 구현하고자 했던 것이 아닐까?

4장

현대소설의 탄생 1960-1984

현대국가의 창조와 현대사회

퀘벡은 1960년부터 시작된 조용한 혁명과 함께 정체성의 변화를 겪는다. 조용한 혁명은 대륙에서의 생존을 위한 전통적인 민족주의와 단절하고 "회복의 민족주의nationalisme de rattrapage"를 슬로건으로 내세우며, 퀘벡 사회의 근본적이고 대규모의 개혁이 단행되었던 시기다. 이 개혁은 1960년 선거에서 승리한 자유당 르사주Lesage 정권의 정치, 경제, 사회, 문화, 교육 등 전 분야에 걸친 퀘벡의 현대화를 통해 성공의 길을 걷는다. 정치적인 측면에서 이 현대화는 퀘벡 사회 안에 국가 개념을 도입함으로써 박차를 가할 수 있었다. 즉, 프랑스어권이란 개념을 현대국가 성립에 필요한 모든 요소들을 포함하는 "종합적인 사회société globale"로 성립시킨 것이다. 북아메리카 대륙에 국민국가État-Nation를 세우고자 하는 정치적 일체감은 새로운 문화적 정체성의 탄생을 이끈다. 교회의 영향력을 벗어나지 못했던 프랑스계 캐나다인이 역사의 기억 속으로 사라지고 오늘날의 "퀘벡인Les Québécois"이 탄생하는 순간이다.

국민국가와 퀘벡인의 탄생은 퀘벡 사회의 세속화와 민주화를 이끌며 그 풍토를 완전히 뒤바꾸어 놓는다. 자성의 목소리는 이제 타인의 목소리에 길을 내주고, 대물림해 왔던 두려움과 무능함은 자기 신뢰로 변한다. 사회 전체가 진정한 자기 정체성에 대해 묻게 되고, 사회의 시선은 공동체의 해방과 개인의 자유로 향한다. 물론 공동체의 해방이 없으면 개인의 자유도 없고, 개인의 자유가 없으면 공동체의 해방도 없을 것이다. 이러한 사회 가치관의 변화가 교회의 변화를 불러왔음은 물론이다.

조용한 혁명기 동안 교회는 한 세기 이상 누려온 정신적 지배력을 상실한다. 실제로 1960-70년대에는 성직 생활자들이 대폭 줄었으며 환속 사제들도 생겨났다. 신자들도 교회를 떠나기 시작했으며, 종교적 믿음과 사제 영향력의 퇴보는 결과적으로 부부생활을 빈틈없이 지배했던 결혼제도에 균열을 일으킨다. 사회가 이렇게 세속화 되어감으로써, 내연관계가 증가하였으며, 이혼도 사회적 추세가 되어 편모나 편부의 가정이 늘어나게 되었다. 피임약의 보편화로 인해 출생률도 현저하게 떨어졌으며, 이러한 현상은 상대적으로 취학 연령 인구의 감소와 고령 인구의 증가를 가져왔다.

이러한 추세에 편승해 여권 신장 운동이 활발하게 진행되고 노동 시장에 수많은 여성들이 쏟아져 나온다. 1950년에는 여성인구의 사분의 일만이 직업을 가졌었던 반면, 이 시기에는 반수 이상이 직업여성의 반열에 오른다. 그러나 대부분의 여성들은 시간제 일이나 전문직종이 아닌 기술변화에 취약한 업종에서 일을 해야만 했다. 남성과의 임금의 차이도 현저했다. 이전에 비해서 여성들의 지위는 많이 향상되었으나, 이들의 권리보장을 약속했던 정부의 의지에도 불구하고 아직도 불안한 형편이었다. 탁아소의 부족, 이혼시 부양료, 여성에 가해지는 폭력 등의 문제들이 여전히 산재해 있었다.

변화에 따른 많은 문제를 안고 현대사회에 진입한 퀘벡은 자유의 여정에서 반드시 부딪치는 진통을 겪는다. 프랑스 68혁명의 영향을 받은 학생운동이 그 진통의 시작을 알린다. 1970년 한 과격단체가 테러행위로 퀘벡을 정치적 종속으로부터 해방시킬 수 있다는 믿음을 가졌을 때, 사회질서의 혼란은 더욱 극심해졌다. 이 사건은 퀘벡 해방 전선(FLQ, Front de Libération du Québec)이 퀘벡의 노동부 장관과 영국인 상무관을 인질로 잡고 정치적 투쟁을 일으킨 사건이다. 이 10월 정변으로 인해 전쟁억제와 그 대책을 다룬 캐나다법이 재정되었으며, 이 법에 의거하여 오백여명 이상의 민족주의

자들이 강제 연행되고 캐나다 군대가 퀘벡 땅에 주둔하는 사태가 빚어졌다. 이년 뒤에는 노동조합운동이 공권력을 무시하는 일이 발생한다. 노동조합 연합전선이 형성되어 무한파업이 진행되었고, 세 명의 조합장이 투옥되었다. 한편, 1970년대의 에너지 파동은 퀘벡 경제에 심각한 영향을 일으킨다. 걷잡을 수 없는 물가상승, 나날이 갱신되는 실업률, 특히 노동시장에 나온 청년 실업은 국가의 미래를 어둡게 하였다. 1980년 오월 퀘벡의 독립을 처음으로 물었던 국민투표도 41%의 지지도에 그쳐 실패한다. 1980년대는 암울함과 정치적 사회적 의식이 약화되어가는 시기였다.

이 일련의 사건들은 퀘벡 공동체 사회 내에 드리운 깊은 위기감을 드러낸 것이었다. 예전의 낙관주의는 좀처럼 찾아 볼 수가 없었다. 과거와는 완전히 단절된 사회 분위기가 형성된 듯하였다. 두려움과 무기력의 지난 두 세기가 준비할 틈도 주지 않고 너무 빨리 변화하여 불안정한 사태로까지 번졌다는 느낌을 모두가 받을 정도였다. 제도와 풍속, 사회구조와 의식의 변화를 겪은 퀘벡이 단순히 현대화된 것이 아니었다. 어떻게 보면 퀘벡은 두발을 모으고 현대로 훌쩍 뛰어넘어간 것이었다. 그래서 미래로 가는 길은 지표指標를 잃고, 모든 종류의 태도가 가능해졌다. 이제까지 금기시되었던 모든 것을 집요하게 깨면서 과거를 향수의 시각으로 되돌아 볼 수 있었으며, 현재를 병적病的으로 탐구할 수 있게 되었다.

위반의 미학

이 새로운 사회 풍토에 대해서 문학계는 어떤 반응을 보였는가? 퀘벡의 정체성을 공동체 운명의 시각에서 바라보았던 시절에는, 작가들의 입장이 과거의 이데올로기를 회복하면서 현재의 새로운 신화를 창조하는 데 있었다면, 이 시대의 작가들은 사회·정치적 이데올로기에 창조 행위를 종속시키지 않고, '애국심' 앙양이나 현 사회에 대한 염려스러운 의문을 문학 작품의 주요 테마로 삼지 않는다. 민족주의는 이제 순전히 미학적인 목적에 부합되는 문학적 가치 창조의 영역에서 고찰된다. 이른바 "파롤의 시대L'âge de la parole"가 도래한 것이다. 조국이란 영토의 탐구를 떠나, 이 시기의 문학은 이제 말이 지닌 힘의 가능성 탐구에 바쳐진다. 작가들의 실험 정신과 위반의 미학이 마음껏 발휘된다. 기억을 토대로 한 전 세대의 소설 개념을 지양하고, 과거를 매개로 하지 않고 현재를 직접 터치하여, 이렇게 닦여진 새로운 예술의 대로 위에서 미래의 소설 방향을 제시한다.

소설쓰기와 언어사용의 규범에도 당연히 변화가 생긴다. 퀘벡을 벗어나 외부의 사상과 경향이 퀘벡 작가들 사이에 번진다. 프랑스 작가들의 영향은 물론이고, 이른바 신비평 경향의 문학이론으로 무장한 소설가들이 등장한다. 소설가들은 내용에서부터 형식에 이르기까지 그들의 실험과 질문의 영역을 확장시킨다. 작가들은 이 불확실성의 세계에서 부르주아적 의식이 토대가 된 전통적 글쓰기의 의식을 버리고 독자들의 고정된 독서 방식과 리듬을 붕괴시키기 위해 이야기의 분절, 일탈, 삽입 등 다양한 기법을 시도한다. 소설 세계는 풀어내야 할 기호의 세계가 되는 것이다.

《난투》에 이어 베세트의 《서적상*Le libraire*》은 이러한 소설 경향에 선구자적인 역할을 한 작품이다. 카뮈의 《이방인》처럼 주인공과 내레이터가 하나가 되어 서술을 이끄는 일인칭 소설로서, 간결하고 과장되지 않은 문체가 그 특징이다. 이 소설에서도 "주알"은 더 이상 장식용 도구로 사용되지 않을 것이다. 앙드레 마조르André Major의 《고집쟁이*Le cabochon*》는 《서적상》의 침묵 속의 외침을 반향하며, 한 젊은 대학생이 느낀 1960년대 초 퀘벡 사회의 질식할 것 같은 풍토를 고발함과 아울러 지식인의 역할을 밝히고 있다. 자크 르노Jacques Renaud의 《파지*Le cassé*》는 "주알"이 간단하고 간편한 도구가 아닌 진정한 언어표현의 도구임을 실험한 미학적 창조의 장이 된다. 위베르 아캥Hubert Haquin은 《다음 에피소드*Prochain épisode*》에서 서술의 질서를 파괴하면서, 이야기의 구성과 관점의 표현에서 전형적인 포스트모던 기법을 실험하고 있다. 레장 뒤샤름Réjean Ducharme은 《세상이 버린 여자*L'avalée des avalés*》에서 주인공 베레니스의 광적이고 진중하고 매혹적인 독백을 통해 소설의 문체와 언어에 독창적인 색깔을 입히고 있다. 자크 고드부Jacques Godbout의 《안녕 갈라르노!*Salut*

Galarneau!》는 토속어의 사용을 통해 신선한 어조, 해학적인 표현, 표현의 자연스러움에서 나오는 편안함을 느낄 수 있다. 야망과 돈을 주제로 한 이브 보슈맹의 《수고양이*Le Matou*》는 발자크의 라스티냐크의 기운을 느끼게 해준다.

과거와 그 효력에 대한 총체적인 이의 제기는 새로운 남성상과 여성상의 출현을 이끈다. 그래서 퀘벡의 현대는 전 세대부터 세상의 수면 위로 떠올랐던 프롤레타리아 계급의 참담한 현주소 알리기에 박차를 가하고, 여성에게 씌어졌던 금기의 굴레를 들어내는 데 초점을 맞춘다. 특히 여성문제는 현대가 그 해결책을 제시해야만 할 어려운 의무 사항이었다. 초기 페미니스트 운동은 남성우월주의 사상에 종지부를 찍고 여성이 인고했던 천년의 속박을 풀어내기 위해 과격한 양상을 보인다. 신랄한 어조로 과거와 현재의 불의와 불평등이 고발되고 양성 간의 새로운 관계 확립이 시도된다. 이러한 혁명은 육체적인 측면뿐만 아니라 지적인 측면에서도 이루어진다. 여성은 이제 독립된 개체로서 여성이란 고유의 정체성을 가지고 세상에 참여한다고 선언한다. 문학도 여성들의 이러한 전투를 도우려고 나선다. 여성에게 금지되었던, 남성의 전유물처럼 여겨졌던 언어를 되찾으면서, 소위 여류 소설가들은 여권운동에서 요구되었던 모든 사항들을 소설의 주제로 다루며 양성 간의 관계 쇄신에 전력한다.

마리-클레르 블레Marie-Claire Blais의 《에마뉘엘 생애의 한 계절*Une saison dans la vie d'Emmanuel*》은 풍부한 시적 표현으로 여성, 아버지의 이미지, 권위를 둘러싼 금기의 문제를 신랄하게 비판하고 있다. 욜랑드 빌메르Yollande Villemaire는 《산문으로 된 인생*La vie en prose*》에서 텍스트의 내·외적 요소들의 경계를 허물면서 말놀이jeux de mots의 향연을 펼치고, 여성들의 욕구와 열망에 부합하는 여성상을 그리고 있다. 모니크 라뤼Monique LaRue의 《거짓 도망자들*Les faux fuyants*》은 동성애와 근친상간의 문제를 다루고 있다. 마들렌 우엘레트-미샬스카Madeleine Ouellette-Michalska의 《트레슬러의 집 혹은 아메리카의 제8요일*La maison Trestler ou 8e jour d'Amérique*》은 여성을 불신했던 역사와 가부장제에 대한 소송이다.

이 시기의 주요 소설가와 대표 작품

■ Gérard Bessette 1920-2005

서적상

Le libraire, 1960

에르베 조두앵Hervé Jodoin은 몬트리올 생-테티엔Saint-Étienne 콜레주에서 보조교사 직을 수행했었다. 그러나 그는 학교생활을 접고, 교회 권력에 지배를 받고 있었던 생-조아솅Saint-Joachain의 한 서점의 점원으로 취직되어 온다. 그는 이 소도시에서 서점과 선술집과 침실을 오가며 삼 개월을 보낸다. 물론 술집과 서점이 문을 닫는 일요일은 집에서 쉰다. 그가 이 휴일에 일기를 쓰는 이유다. 일기는 3월 10일부터 5월 10일까지 작성될 것이며 베세트의 두 번째 소설 《서적상》을 구성할 것이다.

이 소설은 무엇보다도 사람들과 어울리기를 좋아하지 않고 여성혐오자이며 대화란 대화는 다 회피하는 주인공의 말의 이야기다. 생-조아셍에 도착하여 서점의 점원으로 취직한 조두앵은 서점의 동료들, 술집 친구들과 소통의 어려움을 겪는다. 그들의 물음에 확고한 대답을 해야만 하는 것인가? 대답에는 책임이 뒤따르기 마련이다. 소설에서는 명확히 밝혀지지는 않았지만, 조두앵은 그가 생-에티엔에서 보조교사직을 수행하는 동안 '말'의 책임문제로 인하여 교사직을 그만두어야 했던 것 같다. 그 이후 그는 말이 지닌 위험성 때문에 침묵하거나 용의주도한 표현으로 말을 다듬는다. 상대편의 의심을 사거나 "정상"을 벗어난 말을 해서는 안 되었다. 그래서 말을 '한 치의 오차도 없이' 정확히 해야 한다는 생각이 늘 그를 지배하고 있다. 말의 정확성은 침묵 속에서 획득할 수 없기 때문에, 그는 주장하지 않기 위해서 그저 말을 할 뿐이다. 자신의 행위를 최소한으로 줄여가며 권태로운 나날을 보내던 어느 날, 그는 타인의 손에 넘어가서는 안 될, "위험한 책"으로 분류된 볼테르의 《풍속론*Essai sur les moeurs*》을 신학교의 한 학생에게 팔게 되어 곤경에 처한다.

교구 사제가 그를 조사하기 위해 방문한다. 그러나 사제는 점원이 뱉어내는 말의 굽이 속에 빠져든다. 신중하고 상황을 이용한 말들이 사제의 입을 열지 못하게 했던 것이다. 점원이 이 대결에서 승리했다면, 그것은 생-조아솅 사람들이 지금까지 하지 못했던 것을 했기 때문이다. 누가 인간의 말로 신의 '말씀'과 대결할 수 있을 것인가? 사실 사제 갈라르노의 말을 막은 것은 누구도 생각할 수도 없었던 조두앵의 자기 변호이자 반박이었다. 더구나 그는 '말씀'의 대리자 앞에서 평소대로 공손한 태도를 취했다. 그에게 승리를 가져다 준 자기주장과 수동적인 태도는 그가 이 도시의 이방인임을 확고하게 만들어주고, 그의 말은 결국 부메랑으로 그에게 되돌아온다. 사제는 그를 "비정상"으로 결론짓는다. 말뜻은 단 하나고 의미 변화가 없는 그 세계에서, 용기 내어 입을 연다는 것은 소외를 부를 뿐이다. 말의 정확성에 대한 그의 걱정은 퀘벡의 모든 생-조아솅의 세계 속에 만연한 '부정확함'에 부딪쳐, 내면의 세계로 도피해서 글쓰기를 통해 한 곳에 정착하리라는 그의 꿈은 이제 결코 이루어지지 않을 것이다. 그는 사제와 생-로크 콜레주 신부들로부터 해고 통보를 받는다. 그러나 생각과 말의 자유를 개인의 천부적 권리라고 생각한 조두앵은 랑가주langage를 자기 것으로 만들어 파롤parole로 변형시켜 '진리'의 자리로 확립시켰다는 의미에서, 1960년대 초 퀘벡에서 고개를 들었던 정신적 변화의 예고자라고 할 수 있다.

침묵의 나라에서 조두앵의 말과 그 죄가 빚어낸 이 이야기는 먼저 '조용한 혁명기' 이전에 침묵해야만 했던 지식인들의 상황과 그 사회에 대한 소송인 동시에 '조용한 혁명기'에 시작되었던 여러 이데올로기적 쟁점들을 노출시키고 있다. 1960년대 논쟁의 중심에 있었던, 뒤플레시스 정부의 획일주의와 수동적 태도와 검열, 그리고 복수주의와 진보, 《자유 도시》가 자유의 근본원칙으로 내세운 언론의 자유가 30여 년 동안 모든 사상의 전투에 등장했던 언어, 페미니즘, 캐나다 연방 등의 문제를 시사하며 오래전부터 인생의 성공을 포기하고 인생에 아무런 흥미를 느끼지 못하는 한 서적상의 몇 마디 말을 통해 세상에 흘러나오고 있는 것이다. 최소한의 말만 하는 그가 시대의 이데올로기적 초상을 폭로하는 데에는 다음과 같은 이유가 있었다. "이것은 우리가 어린 시절부터 압제의 환경 속에서 살아왔기 때문이다." 여기서 목불인견의 것은 어느 모로 보아도 나라 법에 결코 저촉되지 않는 행동을 하기 위해 비밀리에 대화를 해야 하는 것이다. 한 예로, 서점이 폐쇄될까봐 놀란 서점주인(레옹 시쿠안Léon Chicoine)은 조두앵에게 검열에 저촉될 수 있는 서점의 모든 책들을 비밀리에 처분하라고 한다. 말과 싸워야 했던 조두앵은 이 기회를 이용하여 그 책들을 몬트리올의 한 서점에 팔아넘기고, 많은 이익을 남긴다. 이 이익금은 그의 몬트리올에서의 생활을 편하게 해 줄 것이다. 하지만 몬트리올은 이 소설에서 상징일 뿐이다. 그가 생-테티엔에서 생-조아셍으로 옮겨 온 것처럼, 이제 이곳과는 다른 어떤 곳이다. 그곳도 말의 권리를 제한한 '말씀'이 절대 권력인 곳이라면, 그는 또다른 곳으로 쫓겨 가야 할 것이다. 그의 이야기는 이곳에서 저곳으로 옮겨가는 여행객의 이야기이고, 궁지에 몰린 자의 이야기라는 점에서, 조두앵은 베케트Beckett의 등장인물들과 형제관계를 이룬다. 또한 조두앵은 알제리와 프랑스의 생-조아셍에서 존재의 말과 불행을 체험했던 뫼르소Meursault(카뮈의 소설 《이방인*L'Étranger*》의 주인공)와 로캉탱Roquentin(사르트르의 소설 《구토*La nausée*》의 주인공)의 초상이기도 하다. 과거와 현재와의 관계, 권력에 대한 절대복종과 메아리 없는 자유에의 호소 간의 투쟁, 조두앵의 말의 문제 등은 이 소설을 그때까지 인종해야만 했던 침묵과 말하기의 어려움을 이어주는 다리로 만들고 있다.

■ André Major1942-

작가이자 문학비평가인 앙드레 마조르는 1942년 4월 22일 몬트리올에서 태어났다. 카뮈와 사르트르를 읽었다는 이유로 유드회 신학교에서 쫓겨난 그는 1960년 아랍 학사원에 입학한다. 1961년 두 권의 시집 《추위가 가네*Le Froid se meurt*》와 《두 개의 목소리를 가진 홀로코스트*Holocauste à deux voix*》로 문학계에 첫 발을 내딛는다. 1961년부터 1962년까지 그는 《르 프티 주르날*Le Petit Journal*》, 《의무》, 《라 프레스》 등 많은 신문과 잡지에 글을 기고한다. 1964년 《고집쟁이》를 시작으로 반항하는 청년들의 비극적인 문제들과 몬트리올의 노동 환경에 대한 관심을 토속적인 문체로 그려냈다는 평을 받은 단편 소설집 《닭살*La Chair de poule*》(1965), 사랑의 찬가를 노래한 《세찬 바람*Le Vent du diable*》(1968) 등의 소설을 출판한다. 1974년에는 사랑과 증오와 폭력이 뒤얽힌 세계를 그린 《허수아비*L'Épouvantail*》를, 1975년에는 《전염병*L'Épidémie*》, 1977년 총독상의 영예를 가져다 준 《생존자들*Les Rescapés*》이 1976년에 출판됨으로써 삼부작 《탈주자들의 이야기*Histoires de déserteurs*》가 완성된다. 계속해서 그는 이 삼부작의 몇몇 인물들이 재등장하는 《엘비스의 광녀*La Folle d'Elvis*》(1981), 장편인 《사랑의 겨울*L'hiver au coeur*》(1987), 《일시적인 인생*La vie provisoire*》(1995)을 출판한다.

고집쟁이

Le cabochon, 1964

《고집쟁이》는 존재의 위기감을 겪고 있는 몬트리올의 한 서민 출신 학생의 이야기다. 앙투안 플라몽동Antoine Plamondon은 역사 시험을 통과하지 못하여 학교를 그만두고 빵집에 취직한다. 그러나 일에 만족하지 못한 그는 일자리를 잃고 시골로 도피한다. 소설은 앙투안이 집으로 돌아와 고된 현실을 인정하는 것으로 끝난다. 자신의 출신배경과 동경의 세계 사이를 오가는 젊은 이상주의자 앙투안은 결국 어느 한 곳에 정착하지 못한 채 방황해야만 했다. 출신이 비천했던 그는 지적인 삶을 동경하여 "그 시대의 소설들"이 그러했던 것처럼 기성질서의 비판을 꿈꾸었다. 그도 에르베 조두앵 처럼 만사에 초연한 뫼르소의 삶을 동경하였지만 줄곧 삶의 운명 속에 갇혀 지낼 수밖에 없었던 것이다. 이 삶의 운명은 가난과 무능이었다. 소설 도입부의 프랑스계 캐나다의 부엌 풍경이 드러내는 것처럼—아버지는 "또 다시 일자리를 잃었고", 어머니는 음식을 차리고 식구들이 식사를 끝날 때까지 서서 기다리고 있으며, 식탁의 분위기는 고요하다—, 이 박탈자들에게 모든 저항의 가능성은 사라진지 오래다. 이런 환경을 벗어나고 싶었던 앙투안에게 앙드레 말로식의 행동이 모델로 다가온다. 사는 곳의 한계를 넘지 못하였던 앙투안은 뫼르소와 《인간조건*La Condition humaine*》의 모델을 진지하게 비교한다. 이 비교는 물론 등장인물들을 관찰하고 있는 삼인칭 내레이터에 의해 확인된다. "《인간조건》의 첸은 《이방인》의 인물보다 훨씬 더 사려 깊다고 그는 생각한다. 앙투안에 따르면 무위無爲를 결심한 사람은 허무 속에 파묻혀 살 수 밖에 없지만, 행동하고, 자신을 뛰쳐나온 사람은, 자신을 유용하게 만들어 무능함에서 벗어난다." 이방인과 책임자, 개인의 자유와 집단의 정체성은 당시 《자유 도시》와 《단호한 결의》가 천착했던 퀘벡 지성사의 라이트 모티브였다. 문제는 둘 중의 하나를 선택하는 것이 아니라 이 둘을 화해시키는 방법의 탐구다. 그래서 내레이터는 관습적이고 교권주의적이며 민족주의적이었던 역사적 굴레로부터 해방되어야 할 개인의 문제가 다른 공동체적 담론을 통해 가능할 수 있을 지 자문한다. 앙투안이 글쓰기를 시작한 것도 이 문제의 해결책을 찾기 위함이었다. 그래서 그의 소설은 자신의 범속한 세계와 지적인 이상의 충돌을 지양하여 '이방인'과 '책임자'의 화해를 도모하는 장이 된다. 무력한 시민들이 가난과 실업에 빠져 살아갈 수 밖에 없는 이 보수주의 사회에 맞선 책임 의식이 앙투안의 모든 개인적 성취에 앞서, 그의 문학적 각성과 연결되어 나타난다. "있는 것이라고는 무능함뿐, 우리나라에는 자유로운 인간이 없다. 우리는 역사가 없다. 하지만 계속된 패배는 있다. 위협받고 약해빠진 우리는 저항할 의지도 인간이 될 의지도 없다. 우리는 비천하고 만족한 하인으로 늘 남아 있을 것인가?" 퀘벡의 70년대를 이끌게 될 신 민족주의적 이데올로기의 특징들이 여기 다 모였다. 이 나라 사람들의 자유와 자치권의 부재, 하인 신분인 그들의 상황, 만연된 무능함의 고발이 그것이다. 앙투안의 박탈감이 표현된 이 담론은 그러나 공동체에 소속된 한 개인의 담론이다. 자기 주위에서 무슨 일이 일어나고 있는지 알기 위해서 앙투안은 약혼녀에게, 자기는 여기를 떠나서 "농촌 지역"을 알고 싶고, "사회학자나 기자가 될 생각으로" 돌아오고 싶다고 말한다. 그가 글을 쓴다는 것은 이렇게 해서 소설가로서기 보다는 사회분석학자로서 현 사회의 상황을 증거하는 것과 같은 행동이 된다. 미래의 작가보다는 현재의 사명감에 행동의 우위를 둔 앙투안은 독립과 자유의 길을 찾는다.

《고집쟁이》는 이렇게 지식인의 역할의 탄생을 알린다. 지식인은 지금까지 정상이라고 결정된 상황들을 전력을 다해서 묘사하고 분석해서 재고하는 사람이다. 그는 현재 벌어지고 있는 현상들에 과거와는 다른 비판적 시선을 던져서 감춰져 있었던 진실을 찾아내야 한다. "이 청년은 누벨 프랑스의 역사를 너무 많이 읽었다". 내레이터의 이러한 코멘트는 "머지않아서 우리는 프랑스어를 사용하며 일을 할 권리를 가질 것이다"라고 부모에게 알리는 앙투안의 예언과 맞물리며 소설을 관통하고 있는 사상을 확고히 하고 있다. 사회학자이건 기자이건, 사회에 미치는 지식인의 힘은 역사적 의식을 통해서 형성되고 발휘되는 것이다. 소설이 끝날 무렵, 앙투안은 아들에 대한 태도가 근본적으로 달라진 아버지와 대화를 한다. 이 대화는 두 세대와 두 계층 간의 화합으로 해석할 수 있다. 이 두 세대는 앞으로 공통의 이상을 확립하여 함께 일을 하게 될 것이다. 작가는 글쓰기에 정치적 기능을 확고하게 부여하면서, 사제들의 계승자이자 동포들의 대변인으로서 생각하는 지도자로서 정신적 짐을 안은 지식인의 역할을 담당하게 되는 것이다.

■ **Jacques Renaud**1943-

1943년 11월 10일에 태어난 자크 르노는, 열일곱 살에 가족의 품을 떠나 공장과 시립 영화관에서 일을 한다. 그는 피에르 부르고Pierre Bourgault가 창간한 신문 《독립*Indépendance*》지에 기고하며, 1962년 그의 첫 시집과 1964년 첫 소설 《파지》의 출판에 도움을 주었던 앙드레 마조르와 질베르 랑주뱅Gilbert Langevin과 친분을 맺는다. 그가 《단호한 결의》지의 창간에 참여한 것도 이 시기다. 1967년부터 1968년까지 라디오-캐나다 방송에서 일했으며, 1969년에는 파리에서 1970년에는 인도에서 각각 체류하며 슈리 오로뱅도Shri Aurobindo의 작품을 발견한다. 라디오-캐나다와 《전망*Perspectives*》, 《의무》지 등의 기자로 활약하면서, 1975년부터 1976년까지 하타 요가hatha yoga를 전문적으로 가르치는 지도교사를 담당하기도 하였다. 몬트리올의 퀘벡 대학에서 문예창작 아틀리에를 활성화 시켰으며 1990년부터 오타와에서 연구자로 활동하고 있다.

파지

Le cassé, 1964

"주알"로 쓰인 첫 소설인 《파지》는 세젭CÉGEP의 교수진들이 1983년까지 수업에서 사용하지 않을 정도로 격렬한 논쟁을 일으켰던 작품이다. 대부분의 독자들은 이 소설에서 한 사회의 추함과 절망의 원인을 읽으려하기보다는 육체적 폭력과 이야기의 언어적 폭력에 분노하는 것을 선호해 왔다.

《파지》의 줄거리는 간단하다. 소외자의 전형적 초상인 티-장Ti-Jean은 교육도 못 받고 도시(몬트리올)의 바닥 인생을 기는 가난한 실업자다. 그가 사는 곳은 폐쇄된 지역의 초라한 방 한 칸이다. 이 방 한 칸은 그가 차지하고 있는 좁은 사회 공간을 상징한다. 존재를 짓누르는 이 도시의 숨 막힐 것 같은 분위기와 권태로움을 살면서 그는 그가 소유할 수 있는 유일한 것인 필로멘Philomène 아니 필로멘의 육체를 기다린다. 그러나 이를 질투한 이브Yves는 티-장에게 필로멘이 마약 판매인인 부불Bouboule을 찾아 떠났다고 말한다.

이 사실은 그가 확인할 수 없었던 여러 가지 이유로 인해 그에게 그때까지 쌓였던 모든 분노가 폭력으로 폭발할 수 있는 빌미가 된다. 그는 부불의 집으로 가서 필로멘이 부불과의 동침을 거부했다는 사실을 모른 채 그를 죽이고 만다. 살인을 저지르고 난 뒤, 정부의 집으로 간 그는 필로멘이 한 여자의 품안에 있는 것을 발견하고서는 폭력을 휘두른다. 이 부당한 살인과 질투의 장면은 그가 이미 박혀 있었던 소외 상황을 더 부각시킬 뿐이다.

겉으로 보기에 부조리한 폭력은 티-장처럼 더 이상 잃을 것이 없는 밑바닥 인생이 억눌러 왔던 모든 원한을 일시에 보여준다. 이 원한은 물론 개인적인 것이 아니다. 당시 소위 저항 소설의 특징인 역사적 소외의 의식화, 식민지 피지배자인 프랑스계 캐나다인들의 의식을 대변한 것이다. 더구나 "주알"의 사용은 주변 환경에 의해서 부서지고 없는 자들의 계급에 속해서 쓰러지고, 정확한 '프랑스어'를 제대로 구사하지 못해서 멸시당하는 파지-파손된 인간의 특징 그 자체가 아닌가!

이 작품이 출판되자 비평계의 반응은 무척이나 고조되었고 진짜 문학논쟁이 발발하였다. 몇몇 지식인들은 문학작품에서의 주알의 사용을 비난하며 그들의 반감을 거침없이 표명하였다. 그들은 이 언어의 사용을 해방의 상징이라고 인식하지 않았다. 그들은 오히려 소외현상을 고발하기 위해서 소외현상을 이용했다는 비판을 서슴지 않았다. 이러한 역설이 그러한 비평가들 사이에서 비판 기준이 되었지만, 《파지》의 중요성은 무엇보다도 '퀘벡어'라고 간주할 수 있는 '주알'로 쓰인 소설이라는 점에 있으며, 이 언어를 사용하여 퀘벡 역사의 전환기에 퀘벡인들의 정서를 고스란히 간직하고 전달한 문학작품이라는 데 있다.

■ Hubert Aquin[1929-1977]

1929년 10월 24일 몬트리올에서 태어난 위베르 아캥은 장-자크 올리에Jean-Jacques Olier 학교에서 초등교육을 마치고, 예수회 소속인 엑스테르나 생트-크루아Externat Sainte-Croix와 콜레주 생트-마리 Collège Sainte-Marie에서 고전을 공부하였다. 1951년 몬트리올 대학에서 철학사 학위를 획득한다. 파리의 정치학 연구소Institut d'Études politiques에서 3년간 수학한 후, 1954년 몬트리올로 돌아와 작가 활동과 함께 라디오-캐나다에서 라디오 연출과 텔레비전 방송 진행자 일을 한다. 1959년부터 1960년까지 국립 영화 제작소에서 시나리오 작가와 감독으로 활동하기도 하였다. 1960년 국가독립연합Rassemblement pour l'indépendance nationale(RIN) 당원이 된 그는 1963년 몬트리올 지부 부의장이 되었다. 1961년부터 1971년까지 《자유》지의 편집장 직을 맡았으나, 1970년 10월 정변의 발발에 대해 아무런 코멘트도 하지 않았던 《자유》지의 위선적 행위(이때 연방 정부로부터 많은 보조금을 받았다고 한다)를 견디지 못하고 사임한다. 1965년 출판된 그의 첫 소설 《다음 에피소드》는 아캥이 불법무기 소지죄와 국가 전복 음모죄로 1964년 투옥되었을 당시 쓴 작품으로 퀘벡 문단에 청천벽력 같은 울림을 일으켰다. 그 후 그는 계속해서 《기억의 공백*Trou de mémoire*》(1968), 《성가집*L'Antiphonaire*》(1969), 《검은 눈*Neige noire*》(1974)을 출판한다. 문인으로서 행동가로서 자신은 열심히 살았다는 내용과, "이젠 모든 것이 끝났다"는 문구가 담긴 노트를 남기고 아캥은 1977년 3월 15일 자살로 생을 마감한다.

다음 에피소드

Prochain épisode, 1965

아캥은 《다음 에피소드》에서 자신의 소설 미학 이론을 전개시킨다. 이 미학적 시도는 예술을 위한 예술이 아니라 소위 사회참여 문학에 적용될 수 있는 이론이다. 소설기법은 행동의 대용물이 아니라, 선행되어야 할 예비행동의 한 형태다. 그래서 소설기법은 그 자체로서 목적이나 해결 방안이 될 수 없으며, 한 나라의 역사를 기술하는 일이 관계될 때에는 불완전한 단계에 불과할 뿐이다. 소설기법은 "밑도 끝도 없는 보수주의", "권태", "무기력"에 일시적인 해결책이 될 수 있으며, "빈 곳을 채우고", 시간을 버는 수단이 될 수 있다. 문학이 이러한 미학적 의식을 수용하면, 문학은 "가짜 혁명"의 오명을 벗을 수 있고, "삶의 변화를 바라는 깊은 근심"이 되어, "삶을 피하지 않고 책임지는 의지"가 되는 것이다. 소설 미학의 관점에서, 아캥이 현재의 삶을 사랑하는 것은 곧 혁명으로 향하는 첫걸음이 분명하다. 이러한 혁명을 완수하기 위해서는, "허구의 고인물" 속에서 "무질서한 공세"를 피는 것도 발전할 수 있다는 생각도 버려야 하며, 소설적 창조가 문학 권력, 성의 권력, 폭력적 힘의 방패막이나 보호막 혹은 그것들의 환상을 심어줄 수 있다는 인식을 그쳐야만 한다. 문제는 "손가락으로 펜을 꽉 쥐고", "백지 위에 총알을 퍼부어서", 때로는 물길이 되고 때로는 큰 강이 되는 지면을 검게 만들거나, 한마디로 말의 힘을 믿고 말이 "즉석에서" 만든 "물결"에 자신의 몸을 맡겨야 하는 데 있다. 이때 서술의 덩어리는 역설적으로 작가의 무력함을 드러내는 장치가 된다. 즉 작가는 모든 힘을 찬탈당한 것이 되고, 더 이상 어떤 통제도 하지 못한다. 작가가 창조한 기법이나, 주인공, 줄거리는 작가의 능력 밖에 있다. "내가 기술하는 것이 아니라, 내가 기술되고 있다." "모든 것이 나보다 앞서 일어나고 있다." 감옥처럼 인식되고 있었던 소설기법의 문제가 어느 정도 해결될 수 있는 제안이 언급되고 있지만, 이번에는 작가의 독창성의 문제가 제기된다. 즉 소설에서는 무엇인가가 창조되고 있지만, 작가는 어느 순간부터 창조의 주체가 아닌 창조를 따라가는 객체가 되고 있는 것이며, 창조되고 있는 것도 불명확한 것이기 때문에, 작가가 이렇게 끝없이 난해한 것으로부터 새로운 것을 만들었다고 하더라도 작가는 진정한 창조자가 아닌 되다 만 창조자일 뿐이다. "독창성은 기사의 이상이다. 그것은 탐험이란 탐험은 모두 망치게 한 미학적 성배다. 제2의 예루살렘인 이 유일성은 십자군의 강박관념에 다름 아니다." 창조자이기를 바라지만 진정한 창조가가 되지 못하는 작가가 나라의 운명에 쏟은 관심은 따라서 그의 상상의 세계를 미화하고 소설형식을 선택하는 일이었다. 비평가들마다 언급하는 텍스트 상호성의 문제가 대두되는 대목이다. "이 잡종의 소설은 미지의 작가들이 쓴 다른 책들을 무질서하게 변용한 것에 불과하다." 내레이터는 미리 만들어진 텍스트를 사용하고 있을 뿐만 아니라, 이 텍스트도 다른 텍스트들의 반복일 뿐이다. 소설쓰기와 그 기법이 그 자체로 기원이 되고, 앞을 점칠 수 없고 미완성의 인생과 같은 세계의 기원이 된다. "혁명이 일어나기 위해서는 무엇을 해야만 하는가?"란 질문에 아캥은 미학 연구자와, 우연과 모든 형태의 실험에 매혹을 느낀 행동가의 두 가지 대답을 하고 있는 것이다. 그가 한 스파이의 이야기를 이 소설의 주제로 선택한 것은 이러한 이유들 때문이다. 다시 말해 이 소설은 그 규칙이 분명한 장르인 스파이 소설의 형식을 취하고 있으면서도, 작가의 계속되는 문학적 물음, 소설미학의 물음이 거미줄처럼 얽혀 있어서, 결국 줄거리의 흐름은 분열하는 작가의 의식 위에 조각난 공간을 구성할 뿐 어떤 한 장르, 스파이 소설에도 속하지 않는다는 것이다. 이 역설이 이 소설을 성공으로 이끈 여러 요인 중의 하나다.

■ **Réjean Ducharme**1941-

1941년 생-펠릭스-드-발루아Saint-Félix-de-Valois에서 태어난 레장 뒤샤름은 졸리에트Joliette의 생-비아퇴르 신학교Juvénat des Clercs de Saint-Viateur를 거쳐 몬트리올의 에콜 폴리테크닉에서 수학했다. 1962년 캐나다 항공에 들어가 북극여행을 한다. 그 후 3년 동안 그는 《르 마탱*Le Matin*》지와 《퀘벡 프레스*Québec-Presse*》지에서 교정일을 보았으며, 택시 운전도 하였다. 1966년 그의 첫 소설 《세상이 버린 여자》는 파리에서 출판되고, 작품의 우수성이 인정받아 그해 총독상을 받는다. 1967년 두 번째 소설 《소리 나는 코*Le Nez qui voque*》를 출판한 그는 퀘벡 문학상을 획득한다. 1968년 극작품인 《이네스 페레와 이나 탕뒤*Ines Pérée et Inat Tendu*》와 《르 시드 마가네*Le Cid Maghané*》를 발표한다. 1969년 운문 소설인 《콜럼버스의 딸*La Fille de Christophe Colomb*》을 출판한다. 그의 작품 세계는 위선적이고 제한된 세계에서 지식과 사랑을 쫓는 청춘 남녀들이 주를 이룬다. 말놀이와 동음이의어의 말 맞히기 놀이(Ines Pérée-Inespérée et Inat Tendu-Inattendu)가 뒤섞여 유머로 가득 찬 염세주의적 세계관의 표현 또한 그의 소설의 특징이다. 언어적 창조 능력이 뛰어난 이 작가는 인터뷰는 물론 대중과의 접촉을 거의 하지 않고 지내고 있다.

세상이 버린 여자

L'avalée des avalés, 1966

베레니스 아인베르그Bérénice Einberg는 유태인인 아버지와 가톨릭을 믿는 폴란드 출신 어머니 사이에서 태어났다. 그녀의 부모는 종교적 차이에서 오는 갈등으로 서로 증오한다. 늘 충돌하는 부모 때문에 온전하지 못한 가정교육을 받은 그녀 역시 마음속에 어두운 그림자를 안고 산다. 이 어린 소녀는 어엿한 처녀가 될 때까지 "지긋지긋"하고 "고약하고", "증오심이 가득하고", "건방진" 계집으로 자란다. 반항과 정념을 먹고 자란 베레니스는 야유와 욕지거리로 똘똘 뭉친 뒷골목 처녀의 상징이 된다. 늘 복수의 욕망으로 자신을 괴롭히는 베레니스는 그래서 애정을 가질 수도 사랑을 할 수도 없다.

"사랑에 내 몸을 맡겨 두어서는 안 된다. 그것은 마치 될 대로 되는 듯 체념하는 것이다." 그녀에게 삶은 사르트르가 말하는 영원한 구토의 현장이다. 존재가 잘못 만들어졌으니, 제대로 되는 것이 하나도 없다.

이 소설의 사건이 일어나는 곳은 생 로랑 강의 한 섬, 아마도 뒤샤름이 살았던 소렐 맞은편의 생-티냐스 섬인 것 같다. 베레니스는 의무적으로 유태인 예배당에 간다. 이 고통스럽고 지겨운 의무를 뒤로 하고 그녀의 마음을 늘 차지하고 있는 것은 오빠 크리스티앙Christian에 대한 욕정이다. 그녀의 사촌인 맹그렐리Mingrélie가 집으로 놀러 왔을 때도, 그녀는 강한 질투심마저 느낀다. 베레니스는 콩스탕스 클로르Constance Chlore와 공모하여 행방을 감춘다. 캘리포니아까지 갔었던 그녀는 다시 돌아와 어머니와 화해한다. 클로르와의 방랑 생활을 계속하면서, 그녀는 오빠에 대한 애정을 가장하여 아버지를 자극한다. 아버지는 남매를 떼어놓을 결심을 하고 미국에 있는 사촌에게 베레니스를 보낸다. 사촌은 이 방탕아의 교육을 책임지게 될 것이다. 5년간 그녀를 재교육하였지만, 베레니스는 갈수록 반항적이 된다. 베레니스의 격한 반항심을 악화시키게 될 드라마가 발생한다. 클로르가 교통사고로 죽는다. 삶과 사회에 대한 그녀의 분노는 극에 달한다. 특히 자신을 사회 기준에 적응할 수 없는 주변인으로 낙인을 찍은 학교에 대한 분노의 감정은 그 무엇보다도 더했다. 그녀는 결국 퇴학당한다. 방에 갇힌 그녀는 창밖으로 몸을 던진다. 감금에 실패한 삼촌은 그녀를 장롱에 가두기까지 한다. 하지만 이 야생동물을 길들이지 못한 삼촌은 결국 포기하고 베레니스를 다시 그녀의 가족에게로 보낸다.

집으로 돌아온 그녀는 크리스티앙에게 자신의 감정을 표시하지만 성공하지 못한다. 이스라엘로 떠나라는 아버지의 질책을 이기기 위해 그녀는 군에 입대한다. 그녀는 군에서 죽음에 대한 깊은 욕망을 발견한다. 이 자기 파괴의 본능은 갈수록 심해지고 소설의 결말에 이르면 절정에 달한다. 그녀는 결국 동료 여 전사를 방패막이처럼 이용하고, 이 전우는 그녀를 대신해 죽는다.

도시화와 산업화의 과정에서 떨어져 나간 주변인은 공동체 사회에 적응할 수 없었던 개인이었다. 옛 시절 정착하지 못하고 목숨의 위험을 감수하고 세상의 그늘을 떠돌아 다녔던 숲속 사냥꾼들처럼 이 개인들에게 따뜻한 빛은 존재하지 않는다. 이 소설은 우리는 도대체 어디에 있는가?란 질문을 던지고 있다. 베레니스는 이렇게 대답한다. "삶의 무대는 이 땅 위가 아니라, 내 머리 안에 있다. 삶은 내 머리 안에 있고, 내 머리는 삶 속에 있다. […] 나는 세상이 버린 여자다." 기준이 거부한 그녀는 공동체의 안에서 밖으로 밀려났다. 세상이 밀어 낸 그녀는 혼자다. 그래서 공동체는 이겨내야 할 거대한 존재이지, 개인을 감싸 안는 품이 더 이상 아니다. 그녀는 역사가 진행되는 세계 안에도 그렇다고 역사 밖의 세계에 있는 것도 아니다. 그녀는 빛을 기다리는 어둠 속에 있다. 60년대의 도시 주변인들이 그 속에서 한 줄기 희망을 보고 싶어 했던 어둠. "하늘이 무너져 내리고, 대륙은 꺼진다. 우리는 빈 곳에 있다, 홀로. [⋯] 우리가 어디에 있는지 알려고 할 때, 우리는 두 눈을 감는다. 우리가 두 눈을 감으면, 우리는 우리가 지금 있는 곳에 있다. 우리는 어둠 속에, 빈 공간에 있다."

■ Jacques Godbout 1933-

1933년 11월 27일 몬트리올에서 태어난 자크 고드부는 퀘벡의 정치적 문학적 현대기에 큰 역할을 했던 시인이자 소설가이자 영화감독이었다. 1958년 《자유》지 창립 회원이었고, 퀘벡 작가협회 초대 회장이 되었다. 1958년 시집 《마른 포석鋪石*Les Pavés secs*》으로 등단한 그는 1962년 그에게 프랑스-캐나다 상을 안겨준 첫 소설 《수족관*L'Aquarium*》을 출판한다. 그는 여러 편의 소설을 썼는데, 1965년에는 《테이블 위의 칼*Le Couteau sur la table*》, 1967년에는 《안녕 갈라르노!》, 1976년에는 《용의 섬*L'Isle au dragon*》, 1981년에는 《머리 둘 달린 파피노*Les Têtes à Papineau*》, 1986년에는 《미국사*Une histoire américaine*》, 1993년에는 《갈라르노 가족의 시절*Le Temps des Galarneau*》, 1999년에는 《랭보 작전*Opération Rimbaud*》을 각각 출판하였다. 또한 그는 여러 편의 영화와 기록 영화를 감독하였다. 보레알Boréal 출판사의 발행인을 역임하였다.

안녕 갈라르노!

Salut Galarneau!, 1967

일기 형식을 띤 이 소설은 길이가 다른 두 개의 노트로 구성되어 있다. 출판 당시 개인과 공동체, 주인공인 프랑수아 갈라르노François Galarneau와 퀘벡인들의 해방이라는 평을 받았다. 사실 주인공이 정치를 중시하지 않았더라도, 자기 운명을 "건설적"이고 "적극적"으로 건축하려는 의지를 표명하고 있기 때문이다.

아버지를 여의고 난 뒤 갈라르노는 학업을 포기하고 생활 전선에 뛰어든다. 자기 소유의 버스를 감자튀김 판매대로 개조하여 장사를 하며, 직업 작가인 형 자크Jacques와 동거생활을 하는 마리즈Marise의 권유를 받아 책을 쓰기로 결심한다. "자기 분야에서만 최고였을 뿐", 그야말로 그때까지 누구도 거들떠보지 않았던 그는 이 책 속에다 "중요한 사람이 되기" 위해서 자신의 사적인 이야기를 늘어놓게 된 것이다. 그는 판매대 뒤에서, 손님들의 민족적 구성표를 만들려고 하였다. 그러나 그는 곧 이러한 계획을 접고 자신을 판단한 종합 평가서 같은 것을 작성한다. 그는 제1권에서 어릴 적 기억이나 청년기에 있었던 모든 일들을 생각나는 대로, 시간 순서에 구애받지 않고 적어 나간다. 하지만 제2권에서는 선택에 신경을 쓰고 진지하게 사건을 기술한다. 마리즈가 떠나자, 의기소침해진 그는 영감마저 잃게 되자, 마침내 작가란 자신의 진정한 내면세계를 알기 위해서는 혼자 있을 필요가 있다는 사실을 깨닫는다. 하지만 과거의 실패를 기억 속에서 하나 둘씩 꺼내게 되자, 그는 있는 그대로의 현실을 수용하고, 노동과 글쓰기를 융합할 결심을 한다(작가는 사는 일vivre과 쓰는 일écrire을 합쳐 vécrire란 동사를 창조한다). 즉 자기를 가두어 두었던 벽을 넘어 세상 사람들 틈 사이로 들어가는 것이다. 두 권의 노트가 완성되자, 해방감을 느낀 그는 자기 저서의 잠재적인 독자들, "자크, 아르튀르, 마리즈, 알데릭, 엄마, 루이즈, 그리고 이 땅의 모든 가농이 이 책을 읽을 수 있도록" 서둘러 도시의 출판사로 그것을 들고 간다. 그는 완전히 다른 사람이 되었다. 그는 혼자 사는 것보다는 차라리 속아도 세상으로 나오는 편이 훨씬 더 낫다는 생각을 한다. 이런 의미에서 소설의 결론은 식민지 피지배자인 개인에게 하나의 해결책을 제시한다. 삶과 예술을 화합시킨 'vécriture'의 실천이 그것이다. 이 실천이 곧 갈라르노의 희망인 것이다.

행복한 결말로 마감된 이 소설은 그러나 갈라르노에게 소외감을 일으키고 그에게 결정적으로 내면세계를 성찰하게끔 만든 여러 주제가 있다. 이 주제는 당시 역사적 소송의 대상이었다. 주인공이 학업을 포기한 것은 그의 머리가 모자라서가 아니라, 교육이 그에게 "말해주는 것이 전혀 없기" 때문이었다. 그에게 "교육은 양 어깨에는 먼지만 수북하고, 눈길은 한 곳에만 가있는 예배당의 신상들과 같았다". 그는 이 요지부동의 교육 "이 의무교육", 이 "부르주아의 생각"의 희생자였다고 말한다. 교육의 전권을 행사했던 성직자가 비판의 대상에서 예외일 수가 없다. 교회를 혐오하는 그는 사제들을 몽땅 화형 시키기를 꿈꾸고, 성모영보聖母領報와 성모의 무염수태, 예수의 세례를 조롱하고, 종교적 기도를 거침없이 희화한다. 종교의 영향권에서 벗어나지 못한 사회에 대한 그의 원한도 깊다. 그의 일기에서 다음과 같은 대목을 읽을 수 있다. "썩어빠진 놈들의 사회. 이놈들이 우리에게 유리창 청소를 시켰지." 정의를 무시한 판사들의 판결을 비웃고, 핫도그hot-dog를 'chien chaud'로 바꾸어 쓰라는 프랑스어 결벽증 환자들을 조롱하며, "니켈로 된 소금단지처럼 반짝반짝 빛나는shine 악센트로 말하는 프랑스 사람들"도 놀림감의 대상이다. 갈라르노가 빈번히 사용하는 영어의 표현은 그가 살고 있는 일상의 현실과 작가의 시대정신을 반영하고 있는 것이지, 영국에 대한 모종의 경의를 표시하는 것은 물론 아니다. 사실 주인공에게 영국인들은 사제들과 마찬가지로 견디기 힘든 존재들이다. 그는 영어를 아는 것을 자랑스럽게 여기고 있는 약사 에노Hénault를 비난한다. "에노는 영어로 말할 줄 아는 것에 몹시 만족하고 있다[…]. 식민지 피지배자인 에노—불알 한쪽은 영국기를 그려 넣고, 다른 한쪽은 교황의 문장紋章을 그려 넣다니!" 그러나 이러한 영어의 표현은 다른 한편으로 자기 정체성을 찾지 못하고 있는 갈라르노의 소외현실을 상징하고 있는 것이기도 하다.

고드부의 이 소설은 피지배자의 신분에서 해방되고자 하는 퀘벡 소시민들의 정체성 탐구를 큰 주제로 삼고 있다. 글쓰기를 통해서 자신과 이야기를 하고, 이야기를 하기 위해서 숙고에 숙고를 거듭하여 자신의 내면세계로 들어간다. 이렇게 해서 자기 존재, 자신의 역량, 말의 힘, 이 말을 즐길 수 있는 자신의 능력을 차례대로 의식함으로써, 자신의 존재감을 찾고 미래의 희망을 건축하는 것이다.

■ Yves Beauchemin 1941-

이브 보슈맹은 1941년 6월 26일 퀘벡의 노란다Noranda에서 태어났다. 졸리에트에 있는 한 콜레주에서 고전을 공부한 후, 몬트리올 대학교에서 1965년 프랑스어와 예술사 학사 학위를 받는다. 퀘벡과 몬트리올에서 2년 동안 문학을 가르친 후, HRW출판사에서 연극과 역사에 대한 총서 출판직을 담당한다. 1969년에는 라디오-퀘벡에서 음악과 자료정리 일을 한다. 그는 《의무》, 《자유》, 《시사뉴스*L'Actualité*》지 등에 여러 아티클을 기고한다. 1974년 그의 첫 소설 《속는 인간*L'Enfirouapé*》(Paris, 1985)이 출판된다. 1981년에는 《숫코양이》(Paris, 1982)가, 1989년에는 《쥘리에트 포므를로*Juliette Pomerleau*》(Paris, 1990)를, 1996년에는 《두 번째 바이올린*Le Second*

Violon》(Paris, 1996)을 각각 출판한다. 《수고양이》의 문학적 성공으로 보슈맹은 몬트리올 문학 대상(1981), 몬트리올 신문협회의 젊은 작가상(1982)을 획득하였으며, 1985년에는 영화로 각색되어 몬트리올 국제 영화제에 출품작으로 선정되는 영예를 안는다. 그러나 《쥘리에트 포므를로》는 비평계에서 《수고양이》보다 훨씬 더 많은 찬사를 받고 프랑스와 퀘벡에서 선풍적인 인기를 끌었다. 몬트리올 살롱 드 리브르 상(1989)과 장-지오노 대상(1990)을 획득한다. 1999년에는 《커피 상인의 근심*Les Émois d'un marchand de café*》을 파리에서 출판하였으며, 2000년에는 보르도 대학에서 그의 작품세계에 대한 국제학술대회가 개최되었다. 그는 최근 새로운 소설을 준비하는 중이다.

수고양이

Le Matou, 1981

사월의 어느 날 아침 거리에서 사고가 일어난다. 스물여섯의 플로랑 부아소노Florent Boissonneault가 희생자를 구하러 오고 한 신비의 노인 에공 라타블라바스키Egon Ratablavasky가 이를 지켜본다. 소설은 이렇게 시작된다. 귀족적인 품위를 지닌 이 노인은 플로랑과 접촉하여 몽-루아얄Mont-Royal거리에 있는 레스토랑 라 비느리La Binerie를 손에 넣고 번창에 필요한 돈을 빌려주겠다고 제안한다. 플로랑은 이 제안을 수락하고 옛 동료인 슬립스킨Slipskin에게 협력을 당부한다.

그리고 이차 대전이 끝난 후 퀘벡으로 온 토종 프랑스인인 그의 친구 오렐리앙 피코Aurélien Picquot를 주방장으로 채용한다. 레스토랑은 새 주인을 맞아 번창한다. 그러나 라타블라바스키는 슬립스킨과 공모하여 항상 피곤에 젖어 있는 플로랑에게 약을 먹여 이 동업자에게 레스토랑을 팔게 끔 만든다. 플로랑은 진실을 알게 되고 레스토랑을 되찾으려고 했으나, 라타블라바스키가 이미 손에 넣은 상태였다.

플로랑 부부(아내 이름은 엘리즈Élise다)의 어두운 시기가 시작된다. 돈도 없이 난방도 잘 안되는 친구 앙주-알베르Ange-Albert의 아파트에 얹혀사는 그들은 추위를 녹이기 위해 생-드니 거리의 허름한 카페에서 장시간 술을 조금씩 마신다. 이것이 1974년 겨울의 혹독한 가난을 말해준다. 엘리즈는 이 상황을 견딜 수가 없어서 몬트리올을 떠날 생각을 내비친다. 그의 욕망은 현실이 된다. 키 웨스트Key West에 거주하고 있는 이모인 죄놈Jeunehomme 부인이 그들을 집으로 오라고 했던 것이다.

평온을 되찾았다고 생각한 젊은 부부는 부유한 부인의 별장에 정착한다. 그러나 라타블라바스키는 플로리다까지 그들을 끈질기게 쫓아간다. 라타블라바스키는 침착하고 부드러운 어조로 자기 변명을 해보지만, 부부의 인내심은 한계에 이르게 되고, 이 노인을 "악취가 나는 수고양이" 취급을 한다. 이 모욕은 아무런 효과를 내지 못하고, 이 모사꾼은 다시 돌아올 것이라는 말을 남기고 떠난다. 이 끔찍한 존재를 보고 쇼크를 받은 엘리즈는 사산을 하고 만다.

몇 달 뒤, 부부는 다시 퀘벡으로 돌아온다. 플로랑은 레스토랑을 다시 열겠다는 희망을 가진다. 필요한 자금을 모으기 위해서 몬트리올의 동쪽 지역의 작은 마을에 정착하여 자기 신분을 속이면서 골동품에 투자한다. 라타블라바스키는 다시 작업에 착수한다. 엘리즈에게 남편의 부정한 행위를 증명하는 사진을 보낸다. 부부싸움이 일어나지만, 그녀는 남편을 용서한다. 복수의 감정에 휩싸인 플로랑은 라 비느리 바로 맞은편에 레스토랑을 열 결심을 한다. 정직하지 않은 상행위를 거듭하여 그는 결국 슬립스킨을 파산하게 만든다. 그러나 늙은 수고양이는 힘을 되찾고 이번에는 더 강한 음모를 꾸민다. 그는 플로랑과 엘리즈가 돌보고 있는 부랑자 에밀Émile을 죽음에 이르게 한다. 이제 부부의 바람은 라타블라바스키의 죽음뿐이다. 자기 주인의 복수를 하려고 그랬는지, 에밀의 고양이 데죄네Déjeuner가 이 음모자에게 덤벼들더니 얼굴을 깊게 할퀸다. 그러나 부부의 복수는 라타블라바스키의 귀향으로 성공하지 못한다. 어쨌든, 그들은 평온을 찾은 것인가? 작가는 독자에게 분명한 답을 주지 않는다. 소설의 마지막은 한 등장인물의 다음과 같은 말로 장식된다. "여러분들은 몽-루아얄의 신선한 공기를 맡으러 돌아오는 그를 보게 될 것입니다."

도시계획, 고가구, 기업 활동 등 시대의 관심사가 총망라된 이 소설의 주요 테마는 무엇보다도 야심과 돈의 결합이다. 야심과 돈에 대한 갈증은 이 소설의 모든 등장인물들을 감싸고 있다. 나이가 많음에도 불구하고 죄놈 부인은 카지노를 개장한다. 앙주-알베르는 주사위 노름을 하면서 그에게 걸리는 순진한 녀석들의 돈을 우려먹는다. 슬립스킨과 플로랑은 항상 부자가 되길 꿈꾸고 있다. 플로랑 부부의 경우는 발자크의 라스티냐크의 기운을 받은 듯하다.

이 소설의 또 다른 주제가 독자들의 관심을 끈다. 외국인들의 존재다. 라타블라바스키는 동유럽 출신이고, 피코는 프랑스인이며, 슬립스킨은 영국계다. 프랑스인만이 유일하게 플로랑과 친밀한 관계를 유지하고 있고 나머지 두 사람은 적대적인 관계를 표명하고 있다. 더욱이 플로랑은 외국인의 도움을 받지 않고 사업 재개에 필요한 금액을 마련하는데 성공했다. 프랑스인과의 지속적인 유대관계의 의미는 아마도 과거의 향수에 대한 간접적인 표현이었을 것이다. 그리고 외국인의 힘을 빌리지 않겠다는 의지는 해방의 욕망을 천명하는 것으로 해석될 수 있다.

이 작품에는 한편 철학적인 의미도 존재한다. 라타블라바스키는 인간의 이중성을 구현하며 운명과 같은 존재로 플로랑 부부에게 다가가고 있다. 선과 악의 힘이 교묘하게 뒤섞인 이 노인은 플로랑을 도울 때는 부드럽고 상냥하지만 그와 대적할 때는 소름끼치는 존재로 돌변한다. 플로랑 자신도 이 신비한 존재에 대해서 이렇게 자문한다. "그가 왜 우리를 선택했지? 아무도 그걸 몰라… 아무도 이 모든 이야기를 이해하지 못한다고, 아마도 그 자신도 이해 못 할 거야." 그는 누구도 거역할 수 없는 운명이 화신일 것이다. 이 늙은 폴란드인도 말하지 않았던가. "우주의 법칙은 당신, 나, 그리고 전 인류보다도 훨씬 강하게 움직이고 있어."

■ **Marie-Claire Blais** 1939-

1939년 10월 5일 퀘벡 시에서 태어난 마리-클레르 블레는 열일곱 살에 첫 소설 《아름다운 짐승*La belle Bête*》을 쓴다. 1959년에 출판된 이 소설은 퀘벡 문학교육의 고전으로 손꼽히는 작품이 된다. 그녀는 이후 20여 편의 소설을 퀘벡과 프랑스에서 출판한다. 이 소설들은 5편의 극작품, 두 권의 시집과 함께 모두 영어로 번역된다. 마리-클레르에게 메디치 상의 영예를 안겨 준 《에마뉘엘 생애의 한 시절》은 그녀가 미국 체류 시 쓴 작품이다. 《불복종자*L'insoumise*》(1966), 《데이빗 스턴*David Sterne*》(1967), 《폴린 아르샹즈의 수고본*Manuscrits de Pauline Archange*》(1968), 《만세! 만세!*Vivre! Vivre!*》(1969), 《흰 머리*Tête blanche*》(1980), 《도시의 귀머거리*Le sourd dans la ville*》(1980), 《아나의 비전*Visions d'Anna*》(1982), 《피에르*Pierre*》(1986), 《고독의 천사*L'ange de la solitude*》(1989), 《폭풍우 속의 정원*Un jardin dans la tempête*》(1990),

《갈증*Soifs*》(1995), 《벼락과 빛 속에서*Dans la foudre et la lumière*》(2001), 《아우구스티노 또는 파괴의 합창대*Augustino ou Le chœur de la destruction*》(2005) 등의 소설을 세상에 내놓았다. 이 다작의 소설가는 간결한 문체 속에 유머와 비극적인 분위기를 혼합한 세계를 훌륭하게 연출하고 있다는 평을 받고 있다.

에마뉘엘 생애의 한 계절
Une saison dans la vie d'Emmanuel, 1965

소설은 시공時空이 불명확한 지점(독자들은 퀘벡 어느 시골 마을이라는 것 이외에 아무런 정보도 받지 못한다)으로 독자들을 안내한다. 이곳은 지금 혹독한 추위를 견디고 있다. 물리적 추위와 마음의 추위. 소설 제목이 암시하듯, 이 소설의 사건은 한 계절, 겨울 동안 일어난다. 갓 태어난 에마뉘엘이 맞는 첫 겨울의 세계는 춥기만 하고 온정을 느낄 수 없다. 겨울은 없는 자들의 생활의 참상을 더욱 슬프게 하지 않는가? 이 사랑받지 못한 자들은 한 권력자의 힘의 자장을 벗어나지 못하고 복종의 무게를 견디고 있다. 권력자 할머니 앙투아네트Antinette는 준엄함과 모권母權이 지배적인 퀘벡의 한 시대를 상징한다. 이 모권은 물론 전통적인 농촌 사회의 보편적인 권력을 의미한다. 할머니는 소설이 끝날 때까지 모두에게 권력을 행사하면서 손자와 손녀들에게 채찍과 당근을 동시에 안겨준다. 할머니 앙투아네트는 또한 억눌렸던 성의 모든 욕구불만의 근원이다. 동시에 퀘벡식 장세니즘의 극단적 거부의 몸짓들이 나란히 선다. 한쪽은 성적 욕구불만으로, 다른 한쪽은 방탕함의 생활로 자신을 설명한다.

소설은 두 번째 주역으로 장-르 메그르Jean-Le Maigre를 등장시킨다. 지식인이자 시인인 그는 그의 자서전《악마의 먹이가 된 한 남자의 일기》를 쓴 이후로 작가로서의 생존에 성공한다. 그의 말과 그의 시선을 통해서 자기 상실과 할머니의 지배에서 벗어나려고 하는 등장인물들의 의식화가 생산된다. 그러나 소설의 시작부터 독자들은 폐결핵에 걸린 이 존재의 실추행위에 참여하게 된다. 그는 죽을 때까지 시와 악의 힘에 이끌려 거짓말과 자위행위로 삶을 꾸려나간다. 그의 죽음은 이 소설의 주요 테마 중 하나인 죽음의 의미를 완성시킬 것이다. 즉, 총명하고 현실적이지만 염세적이었던 그의 죽음은 대가족의 시대가 끝났음을 알리는 결정적인 전조의 역할을 한다. 그는 이미 지옥 같은 가족의 환경을 알렸었다. "벼룩들이 우릴 갉아먹고 있어, 살아가는 것이 불가능한 일이지".

할머니와 장-르 메그르와 함께 소설을 이끌어가는 두 명의 인물이 있다. 도둑질과 방탕을 일삼으며 장 르-메그르의 그늘 안에서 그의 분신처럼 살아가는 르 세티엠Le Septiéme, 수녀에서 창녀로 변신해야만 하는 운명을 지닌 엘로이즈Héloïse가 그들이다. 레오폴Léopold과 폼Pomme도 문제의 인물이다. 이들의 불행은 알베르 라베르주의

인물들의 불행을 상기시킨다. 레오폴은 목매달아 죽고, 폼은 사고로 손가락 세 개를 잃는다. 이 두 사건은 가난과 궁핍과 추위와 무질서가 혼재하는 고통의 세계를 예증하고 있다.

성의 문제도 이 소설이 제기한 현안이다. 권력자의 손자와 손녀들은 그들의 성에 눈을 뜨고 일제히 육체의 쾌락을 탐닉한다. 프레르 테오뒬Frère Théodule은 수련기 수녀들에게 치근거리고, 엘로이즈는 "알렉시와 폼이 깨어났을 때, 우리가 둘 혹은 넷이서 함께 하길 좋아하는 것을 혼자서 한다". 그녀는 결국 창녀가 된다. 할머니 앙투아네트는 사제의 설교에 순종하지만 그의 몸과 성을 한 번도 받아들이지 않는다.

이 소설이 지배하는 분위기는 말 그대로 빛 한줄기 없는 어둠이다. 블레는 뒤플레시스 정권하의 "대암흑기Grande Noirceur", 교권과 우파 세력이 지배하는 퀘벡, 몽매와 혼돈과 복종에 빠져 있는 퀘벡에 그의 작가적 관점을 던지고 있다. 이 관점의 초점이 성, 가족, 권위, 교회, 아버지의 이미지를 감싸고 있는 타부의 고발로 모아지는 것이 사실이지만, 이러한 침묵의 사회의 소송에 쇄신과 부활의 희망을 또한 던지고 있다. 에마뉘엘의 탄생이 이 희망의 빛을 암시한다. 에마뉘엘은 일종의 속죄자로 이 세상에 나온 것이다. 에마뉘엘이 추운 겨울을 이겨내고 봄을 맞이한 것은, 요지부동의 할머니가 봄이 되어 성과 종교의 속박에서 해방된 사실과 소통한다. 에마뉘엘은 앞으로 장-르 메그르를 대신하여 "발언"을 하게 될 것이고 자기가 누군지 말하게 될 것이다. 퀘벡은 이미 "말의 시대"에 접어들지 않았는가?

■ Yolande Villemaire 1949-

욜랑드 빌메르는 1949년 8월 28일 생-오귀스탱-드-미라벨에서 태어났다. 드라마 분야에서 바칼로레아를 취득한 그녀는 1974년, 몬트리올 소재 퀘벡 대학에서 문학 석사학위를 획득한다. 《산문으로 된 인생》은 그녀에게 몬트리올 신문협회 젊은 작가상의 영예를 가져다준다. 1985년 《백조좌*La Constellation du cygne*》의 출판으로 몬트리올 신문협회 소설 상을 획득한다. 1995년의 《춤추는 신*Un dieu dansant*》은 작가가 1989년부터 1991년까지 인도 체류 시 얻은 영감을 바탕으로 쓰인 소설이다. 1974년부터 욜랑드 빌메르는 앙드레 로랑도 세젭*cégep André-Laurendeau*에서 문학을 가르치고 있으며 시와 소설을 집필하고 있다. 1982년부터 여성들을 위해 소설기술법 교실을 열어 활동하고 있다.

산문으로 된 인생
La vie en prose, 1980

십여 명의 여성들이 모여서 그녀들이 읽거나 써야 하는 원고들에 대한 대화로 시작되고 끝을 맺는 이 소설의 특징은 한마디로 말의 민주화다. 작가는 등장인물들의 말을 통제하지 않는다. 읽기와 쓰기의 경계가 작가의 기법에 의해 무너지고, 남는 것은 정리할 수 없는 말의 덩어리일 뿐이다. 두서없이 흐르는 이야기 속에서 "로트가 말하기를Lotte dit", "바바가 말하기를Vava dit", "난이 말하기를Nane dit" 등 화자가 무엇을 말했다는 표현의 물결이 구심력이 되어 발화된 것들을 삼켜버린다. 쏟아지는 말의 향연 속에서 말의 순서는 사라지고, 불명확한 발화자, 말의 끊임없는 이동에 따른 관점의 이동, 행위자 역할 분담의 모호함으로 인해, 서로 다른 화자의 정체성이 융합되고 다양한 서술의 목소리가 뒤섞이고 있는 것이다. 60년대의 전방위에 걸친 소설적 실험과 페미니즘이라는 이데올로기의 틀 안에서, 11개의 장으로 이루어진 이 소설은 한편 현실과 허구가 완벽히 혼합될 수 있는가의 문제를 논점으로 제공하고 있기까지 하다.

샤를로트Charlotte, 솔랑주Solange, 난 옐Nane Yelle, 로르Laure는 여행을 한다. 옐은 이탈리아 수상 알도 모로Aldo Moro가 죽은 해인 1978년 이탈리아의 우르비노에서 열리는 한 콜로크에 참석한다. 그녀는 카스타네다Castaneda를 읽고 츠베탕 토도로프의 강연에 참석한다. 우리의 다른 세 여류 문인들은 몬트리올, 로스앤젤레스, 뉴욕, 파리에 있다. 이 여자들은 레장 뒤샤름, 위베르 아캥, 제라르 드 네르발로 무장한다. 이 문인들은 카페나 부엌이나 집 등 장소를 가리지 않고 탐정소설, 어린 시절의 추억 등 모든 것을 다 쓴다. 원고들은 이 문인들 사이를 돌고 돌아 수정되고, 서신이 교환되며, 이 서신들은 결국 그녀들이 쓴 텍스트의 내용이 된다. 여러 인용문들과 문학적, 영화적 암시가 직조織造되어 자유로운 소설 공간이 형성된다. 이야기의 주체도, 그 축도 존재하지 않아 모든 것이 불확실하다. 인용은 목적 없는 도구로 전락하고, 재현된 현실도 허구만큼이나 사실 같지 않다. 다시 검토되고 다시 정의된 문인에 대한 묘사는 그래서 텍스트 안에서 그 해설을 불러일으키는 반사효과를 낸다. 페르낭 우엘레트Fernand Ouelette의 《너는 즈느비에브를 강렬하게 쳐다보고 있었다*Tu regardais intensément Geneviève*》와 이봉 리바르Yvon Rivard의 《대낮*Le Milieu du jour*》에서 찾아볼 수 있는 1980년대 소설 작가의 토포스 즉, 이탈리아에서의 유학이나 강의를 위한 체류는 현행 문학 관습의 흔적이며, 문학과 퀘벡 문인 격상의 흔적인 것이다. 이러한 예는 얽히고설킨 잡다한 경험들이 소설의 전체적인 혼란에 가중을 더하면서 유희적으로 처리되고 있다. 이것이 유희적인 것은 산문이기 때문에 가능하다. "구별이 없기 때문에 산문으로 된 인생이다. 구별이 존재하지 않는다면, 그렇다 해도 구별은 존재한다, 동시에".

즐겁기만 한 산문 속에 빠지는 것이 유희적인 성격을 띤다면, 글쓰기에 의해서 만들어진 거리(화)는 화자의 몫이 된다. "내가 두 번 돌려 산문 속에 갇힌 이후로, 나는 활기가 좀 떨어진 것 같다.

모두가 경계선을 넘었을 때 비로소 보이는 어두컴컴한 사면을 내가 아직 몰랐을 때, 그것은 훨씬 더 마술과 같았다." 집단적 정체성에 대한 물음은 이 야릇한 감정과 관계가 없지 않다. 위베르 아캥의 《기억의 공백》의 인용으로 야기된 고찰이 여기서 비롯된다. 화자는 "프랑스계 캐나다의 문화적 쇠잔"은 결국 전 세계적인 쇠잔일 것이라는 가정을 한다. 그리고 고백한다. "햄릿이 유령에 사로잡혔듯이, 퀘벡은 진부함에 들려있는 한 줌의 말더듬이, 기억상실증 배우일 것이다". 그리고 화자는 "문학 외적인 것"과 "역사의 이면"이 말이라는 빈약한 도구를 가지고 지명할 수 없는 것을 지명하려고 애쓰는 "인간조건"의 몫이 될 수 있는지 자문한다.

패배자와 대변인과는 달리, 우상파괴론자는 현대성의 문맥 안에서 소설기법의 문제를 제기하기 위해 지역적이고 국가적인 영역을 탈피한다. 국가적 상황에 기인한 장애도 개인적인 무능력도 소설기법의 한계도 세상의 질서에 속할 수 있다. 이러한 가정은, 지성인으로서의 의무와 시인의 낭만주의적 자유 사이에서 방황하는 것이 아니라, 소설쓰기의 무한한 가능성과 고군분투하고 있는 여성 혹은 남성 작가의 조건 사이에서 양분된 작가의 사회적 프로그램이 지닌 근본적 문제를 해결할 수 있는 장을 마련해 준다. 소설 속에서 창작력에 대해서 회의적이고 냉소적인 여류작가들은 창작력을 가지고 유희를 벌이면서 거침없이 발휘할 결심을 한다. 이 결심은 텍스트 상호 간의 놀이로 귀착된다. 이 놀이에 대해 모든 것을 알아차릴 것이라고 작가가 예상한 독자가 초대된다. 그래서 《산문으로 된 인생》에서 뒤샤름식의 "모든 것이 나를 삼킨다"와 아캥식의 "모든 것이 나보다 먼저다"라는 공식이 텍스트 상호성에 다리를 놓아주는 "모든 것이 독자에게 신탁이다"로 뒤바뀐다. 랭보, 프루스트, 아캥의 텍스트가 이런 식으로 거침없이 다루어지고 있다. 이 여류 문인들이 서로 편지를 교환하고 자기들 소설에 몇몇 대목들을 추가하고 우르비노 콜로크의 아티클들을 신문사에 보내면서, 말과 어휘들을 지배하려는 노력은 전前 세대의 내레이터들이 느낀 무력한 감정에서 탈피하려는 의지의 확고한 표명인 것이다. 텍스트 상호성과 여행과 같은 모든 종류의 경험이 내포하고 있는 중요성은 전혀 예기치 않았던 화자의 발견 속에서 읽을 수 있다. "내가 쥘리아 크리스테바를 읽은 것은 생 오귀스탱 덕분이다." 그래서 국제적인 문학 관습에 대한 일화들을 이야기하면서 경험한 즐거움이 여행을 하는 대신 나코타운 홀Narcotown Hall에서 틀어박혀 사는 《한 학기》(제라르 베세트의 작품이다)의 오메르 마랭의 고약한 만족감을 대체할 것이다.

■ Monique LaRue 1948-

모니크 라뤼는 1948년 4월 3일 몬트리올에서 태어났다. 1971년 파리 4대학에서 철학 석사학위를 받았고, 1976년 고등연구원에서 문학박사학위를 취득한다. 《나선*Spirale*》지와 《의무》지에 많은 아티클들을 기고하였다. 1974년부터 에두아르 몽프티 세젭에서 교편을 잡고 있다. 그녀의 첫 소설 《가공의 집단*La Cohorte fictive*》은 1979년 몬트리올 도서대상 후보작에 올랐으며, 1990년 《타당한 표절*Copies conformes*》로 마침내 몬트리올 도서대상을 획득한다. 그 외의 소설로 《거짓 도망자》(1982)들과 몬트리올 신문협회 문예대상을 획득한 《게의 거동*La Démarche du crabe*》(1995)이 있다. 모니크 라뤼는 현재 퀘벡 문학 아카데미 회원이다.

거짓 도망자들

Les faux fuyants, 1982

《거짓 도망자들》은 쌍둥이 남매의 이야기를 담고 있다. 남매는 열아홉 살에 외조모를 떠날 결심을 한다. 외조모는 부모이기를 포기한 딸의 내외를 대신하여 이들을 돌보아 왔지만 너무 늙고 병이 들었던 것이다. 소설은 독자가 등장인물들과 어깨를 나란히 하고 도망자들을 쫓는 탐정소설의 인상을 준다. 한 가족이었던 등장인물 네 명의 유사한 운명이 이 작품의 골격을 이루고 있다.

열악한 환경에서 자란 아버지 모리스Maurice는 그 지긋지긋한 환경에서 탈출하리라 맹세한다. 그는 마침내 대학 교수가 되어 사회적 성공을 한다. 무엇보다도 타산적인 이유로 젤라Zella와 결혼을 했던 모리스는 자신의 동성애 성향 때문에 결혼생활의 파국을 맞는다. 여성 혐오자였던 모리스는 자기 아내마저 혐오하고, 바라지도 않았는데 태어난 아이들도 증오한다. 알코올 중독자인 젤라는 출산 후 남편으로부터 버림받는다. 그 후 젤라는 깊은 좌절에 빠져 자식들을 유기한다. 미국으로 건너 간 그녀는 다양한 치료 방법을 통해서 정신적 안정에 힘쓴다. 그녀도 정신과 여의사인 라비뉴Lavigne와 묘한 동성애 관계에 빠진다. 쌍둥이 남매 중 하나인 클로스Klauss는 세상에 환멸을 느끼고 술과 마약에 빠져 알 수 없는 운명에 자기 몸을 맡기고 정처 없이 떠난다. 대형 트레일러 기사가 된 그는 여자 형제인 엘로디Élodie와의 섹스만을 생각한다. 그는 이 병약한 엘로디를 사랑했지만 결국 관계를 끊는데 성공한다. 자신의 정신병을 의식하지 못하는 엘로디는 트럭 운전사인 스티Stie와의 사이에서 딸을 낳는다.

스무 번째 생일날 클로스는 아버지에게 가차 없는 비난의 내용을 담은 편지를 보낸다. "이십 년 후에, 너와 같은 사람들이 나와 같은 사람들을 낳지 않도록 법률과 재판소가 생겨날 것이라는 생각을 해 봐." 이 편지로 인해 충격을 받은 모리스는 동성애의 생활을 끊고 모든 것을 잊기 위해 파리로 떠난다. 같은 날 젤라는 몬트리올로 돌아와 어머니의 장례식에 참석한다. 자식들을 찾을 결심을 한 그녀는 우여곡절 끝에 세틸Sept-Îles에서 엘로디와 마주하지만, 엘로디는 그녀를 거부한다. 어머니로서의 자격을 상실한 그녀는 다시 몬트리올로 돌아와 자동차 사고로 생을 마감한다. 클로스와 엘로디는 "인생의 닻과 정거장"에 대한 믿음이 전혀 없었던지, 계속 제 갈 길을 간다. 엘로디는 스티와 딸과 함께 남편의 고향으로 간다. 클로스는 맥주홀에서 우연히 만난 세젭 시절의 옛 친구인 클라리스 Clarisse와 함께 플로리다로 떠난다.

이 소설은 1980년대의 다른 소설들처럼 가족해체, 의사소통의 부재로 인한 절망, 성 문제, 도피 등 당시 사회가 안고 있었던 현안을 다루고 있다. 무엇보다도 확연하게 드러나는 등장인물들의 자기 파괴적인 폭력 행위의 근원은 이 소설을 동시대의 다른 소설들과 구별하게 해 주는 변별적 특성이었다. 개인주의에 빠져 있는 어른들에 대한 준엄한 비판이 그것이다. 이 개인주의는 자기 행복의 추구보다는 환경이 야기한 불안을 떨치기 위한 수단으로 작용한다. 동성애와 술이 불안정한 자신을 치유하기 위한 방법의 중심에 선다. 악을 악으로 치유하는 형국이다. 진실은 없고 자기 행복만 추구하는 개인이 왕처럼 여겨지는 소비사회에 대한 비판인 것이다. 부모들의 불안정성은 자식들에게도 나타나고, 자식들은 근친상간을 통해 이 시대의 타부에 도전하고 있다. 동성애와 근친상간의 문제는 물론 비판의 대상으로 다루어졌다기보다는, 사회 변화에 따른 성 풍속도의 현실, 무엇보다도 여성에게는 수치심으로만 여겨졌던 성 의식의 진화와 속박의 원칙 속에 갇힌 개인들에 의해 요구된 자유와 관능이 새로운 사회의 가치체계의 진정한 축을 이룰 수 있는가 하는 문제를 제기하고 있는 것이다.

■ Madeleine Ouellette-Michalska1930-

마들렌 우엘레트-미샬스카는 1930년 5월 27일 카무라스카의 생-탈렉상드르Saint-Alexandre에서 태어났다. 몬트리올 대학과, 몬트리올 소재 퀘벡 대학에서 수학한 그녀는 1987년 셰르부룩Sherbrook 대학에서 프랑스에 대한 연구로 박사학위를 취득한다. 우엘레트-미샬스카는 작가의 이력과 함께 《전망》, 《의무》, 《시사뉴스》, 《성주 부인*Châtelaine*》지와 라디오-캐나다 FM에 탐방 기사를 기고하여 이름을 세상에 알린다. 그녀는 몬트리올 대학, 마르그리트 부르주아Marguerite Bourgeoys 고등음악학원, 셰르부룩 대학, 알제리의 콩스탄틴 교육 학원에서 문학 강의와 문학창작 세미나를 하였다. 현재 트레 뒤니옹Trait d'Union 출판사의 "잉크병L'Écritoire" 총서 책임을 맡고 있다. 그녀는 여러 편의 소설을 출판하였다. 그중 주목할 만한 작품으로는 역사 속에서 침묵과 부재로 일관하고 있는 여성들을 그린 1979년의 《렌즈 콩 요리*Le Plat de lentilles*》, 퀘벡 문학 아카데미의 몰슨Molson 상을 획득한 1984년의 《트레슬러의 집 혹은 아메리카의 제8요일》, 1989년의 《욕망의 축제*Fête du désir*》, 프랑스-퀘벡 상을 획득한

1993년의 《은총의 섬의 여름*L'Été de l'île de Grâce*》등이 있다. 우엘레트-미샬스카는 1985년부터 퀘백 문학 아카데미와 프랑스 문인협회 회원으로 활동하고 있다.

트레슬러의 집 혹은 아메리카의 제8요일

La maison Trestler ou 8e jour d'Amérique, 1984

《트레슬러의 집》은 몇 가지 관점에서 의미심장한 소설이다. 이 작품 역시 문학적 성공을 달성한 가상의 여류작가를 등장시키고 있는데, 작가는 그때까지 잊혔던 소재인 역사를 통해서 그러한 시도를 하고 있다. 더구나 우엘레트-미샬스카는 세심하게 짜인 소설 규칙을 사용하여 주제의 현대적이고 포스트 모던한 시각을 역사란 장르와 결합시키고 있다. 다시 말해 작가는 대립, 테마, 탐구, 사건의 급변에 의해 배우들의 역할이 결정되는 아리스토텔레스식의 전통에 따라 소설의 플롯을 구성하면서 진정성, 진실, 콘센서스 등 역사적 담론의 원칙들을 재검토 하는데, 이런 식의 재검토와 액자소설의 기법이 포스트모더니즘 소설의 한 특징인 것이다. 이러한 특징보다 훨씬 낫다고 평가받은 또 하나의 시도가 이 소설 안에 있다. 그 시도는, 이 소설이 스탕달식의 계급 간의 대립과 야망이라는 효과적인 서술의 지렛대를 차용하면서 역사소설과 감정소설의 전통을 활용하고 있는 것이다.

《트레슬러의 집》은 한 시대를 살아가는 한 여인의 이야기이자 전全 여성의 이야기이며, 개인의 이야기이자 공동체의 이야기이다. 우엘레트-미셸스카는 자신의 분신격인 기자이자 강연자인 한 여류작가를 통해 액자소설인 "소설 트레슬러"를 쓰고 있다. 이 여류소설가는 트레슬러J. J. Trestler의 집을 방문하고 난 뒤에 집주인들이 보관하고 있었던 역사적 기록들을 살펴보고, 소설을 쓸 결심을 하고 18세기부터 이 집에 살았던 사람들을 상상한다. 그녀는 집주인이었던 트레슬러씨에게 관심을 갖는다. 그는 1775년 미국의 침공에 맞서 캐나다를 수비하기 위해 영국군의 편에 선 독일 용병이었다. 그러나 이 여류소설가가 2부로 구성된 이야기 속에 등장시키는 주요인물은 트레슬러의 첫 번째 아내에게서 태어난 둘째 딸 카트린이다. 제1부의 이야기는 카트린이 "장부 담담계원"이자 하층민 출신인 에레아자르 에이스트Éléazar Hayst와 결혼하기 위해서 아버지의 권위와 맞선다는 내용이다. 아버지는 돈 많은 부르주아 청년에게 시집보내려고 했지만 카트린이 이를 거부하고 결국 에이스트와 결혼을 하자 상속권을 박탈한다. 카트린은 미래에 태어날 아기를 부양해야만 했다. 그래서 그녀는 자신의 유산을 되찾기 위하여 아버지를 상대로 소송을 건다. 아버지는 죽기 전에 카트린의 요구를 수용하지만, 그의 첫 손자를 보지 않는다. 두 번째 이야기는 이 여류소설가의 삶과 일상을 담고 있다. 그녀는 이 집의 소유자이며 이 집을 문화회관으로 바꾸어 놓은 에바Èva와 뱅자맹Benjamin, 쥐디트

Judith와 루이 뒤비크Louis Dubuc를 자주 방문한다. 내레이터는 이곳을 드나들며 행복하지 못했던 자신의 과거와 어린 시절을 회상한다. 이 과거는 그녀의 소설이 되살리고 있는데, 특히 남편이 곁을 떠난 이후 그녀가 경험해야만 했던 고통과 슬픔이 가득하여 소설을 쓰는 과정을 힘겹게 만들고 있다. 이러한 어려움은 트레슬러의 집을 둘러싼 시대의 역사와 역사적 진실 사이의 논리적 일관성을 소설로 전개해야 할 때 더욱 가중되고 있다.

액자소설의 구조를 통해 이중의 내레이션이 시도되고 있다 할지라도, 이 소설의 문체는 고전적인 느낌을 배제할 수 없다. 그녀를 평생 정신적으로 괴롭히게 될 프랑스와 아메리카대륙의 프랑코폰들의 갈등 사이에 서 있는 내레이터는 소설쓰기를 통해 진실을 추구하고, "스키ski란 이름을 지니고 있는 동유럽 사람과의 결혼을 통해 타협안을 찾는다. 식민지에서의 유럽출신 찾기에 의해 표면화된 유럽과 아메리카의 대립은 이 소설이 허구화한 토포스이기도 하다. 내레이터의 남편인 스테판Stefan은 용병 트레슬러란 인물과 관계가 있다. 독단적인 아버지의 권위는 남편의 도피와 대비된다. 스테판은 그가 믿고 있는 것만큼 퀘벡 사회에 적응하지 못했다. 모든 것이 내레이터의 아버지 생각대로 돌아가는데, 그는 이 사회에 부재자처럼 자기와 같은 인간들 속에 파묻혀 살았던 것이다.

한편, 내레이터가 자신이 묘사하고 있는 장소들과 동포들의 관습에 무관심한 것은 타지에서 온 한 여인의 무관심과 같다. 내레이터의 텍스트는 프랑스의 아들과 딸이자, "프랑스 사람도, 아메리카 대륙 사람도 아닌" 퀘벡인들을 정의하게 될 부재와 존재로 짜여 있는 것이다. "이음절의 작은 나라인 퀘벡은 결코 끝나지 않을 꿈이다." "이곳의 "지리학은 넘쳐나지만 역사는 충분하지 않다." 역사소설에의 욕망이 일어나는 지점이 바로 여기다. "퀘벡인들은 작가를 찾아가는 등장인물이 된다." 프랑스와 아메리카 대륙 사이에서 방황하는 퀘벡 정체성의 문제는 내레이터에게도 그렇게 똑같이 적용된다. 여기에 있을 것인가? 그런데 어떻게? 문제는 항상 타인과의 관계 속에서 자신을 정의하는 것이고, 시간을 거슬러 올라가서 "시계와 달력으로" 넘쳐나는 나라로 되돌아가는 것이다. 내레이터는 "생존하고", "깨닫고", "술책을 사용하고", "미리 준비하기" 위해서 소설을 활용할 수밖에 없었다.

이 가상의 작가, 내레이터가 집필하는 역사소설은 야망과 은밀한 사랑의 표현을 통해 스탕달의 텍스트를 환기시킨다. 카트린과 에레아자르는 구대륙의 모든 규율이 아직도 유효한 신대륙에서 모든 난관을 무릅쓰고 서로 사랑하고 있다. 또한 이 소설은 안 에베르의 《카무라스카》와 《바상의 미치광이들》과 같은 대하소설과도 유사하다. 사회관습에 맞서 싸우면서 주인공들은 사랑의 정열을 사회가 탄생하기 전의 자연스러움으로 구현하고 있다. 이 자연으로의 회귀는 내레이터가 과거를 추구하는 것처럼 피할 수 없는 본질과 같은 것이다.

한 여인의 마음을 끈 유혹의 역사, 아버지의 금기에 도전한 정열의 역사, 퀘벡과 신대륙 프랑코폰들의 운명을 상징한 항상 불안정한 운명의 역사는 우엘레트-미샬스카가 이 소설에서 추구한 돌아감과 벗어남의 미학적 틀이 되고 있다.

5장

사생활 실용주의 복수주의 1984-1996

개인주의 절충주의 복수주의

1980년대에 접어들면서 전 세계를 강타한 경제위기는 복지국가로 가는 퀘벡의 경제팽창주의에 제동을 건다. 퀘벡이 걷고자 했던 사회 민주주의의 길 위에도 숱한 장애물이 놓인다. 미국의 로널드 레이건과 영국의 마거릿 대처가 이끄는 보수주의의 바람이 퀘벡에 불어 닥쳐서 민족주의, 마르크스주의, 도덕지상주의와 같은 과거의 가치체계는 그 효력을 상실한다. 이른바 신자유주의의 이데올로기가 지난 20년간 착실히 건설되었던 퀘벡 사회의 밑동을 침식시키면서 퀘벡 사회를 궁지로 몰아넣는다. 인간적 삶의 가치척도는 이제부터 돈이 된다. 봉급생활자는 생산력에 조종당하는 하수인일 뿐이다. 시장의 세계화와 그 이윤의 극대화는 노동운동의 후퇴,

임금하락, 실업률 증가를 불러왔고, 사회의 단결력과 가족의 결속력을 완화시킨다. 개인적이고 집단적인 붕괴에 직면한 인간은 점점 더 자기 운명에 대한 영향력을 상실한다.

존재의 이러한 상실감을 은폐하기 위해서, 모두가 소비재의 축적 속에 빠진다. 안락의 환영을 한없이 일으키는 산업기술 시대의 예외적인 힘을 인정해야만 할 것이다. 이 시대의 개인적 행복은 마치 전자 고속도로를 따라 산더미처럼 쌓인 신기한 제품에 달려 있는 듯하다. 소유와 소비의 지배적 문화와 한 몸이 되는 것은 물론 시스템의 놀이에 놀아나는 것이고, 착취의 대상인 자신을 보지 못하는 것이다. 안락함으로의 도피로 인해 소비자들은 신기술의 모르모트가 되고, 존재는 공허함과 동의어가 된다. 상대주의와 허무의 시대가 도래했다. 트리스탕과 이졸드는 상업의 도구가 되고, 윤리는 법에 의해 다듬어진다. 광고와 광고에 들인 돈이 민주주의의 새로운 영혼이 되고, 성은 소비상품임을 자처하고, 쾌락의 향연이 정치 경제의 이데올로기를 계승한다. 언어도 시대의 타격을 입는다. 상투적인 정치선전 구호가 완곡어법의 승리로 치부된다. 모든 것이 뒤죽박죽이다. 절대 진리가 붕괴되고, 모든 것의 우열의 경계가 모호해지고 다 인정되는 현상이 생겨난다. 삶의 규범이 사라질 판이다.

교육계도 "이 공허의 시대"를 피하지 못한다. 교육 내용의 구성에 심각한 위기가 발생한다. 과거의 가치가 아무런 힘을 발휘하지 못한다. 마치 모두가 역사에서 빠져나와 오로지 나-지금-여기의 둥지에 자리를 잡고, 에고의 움직임에만 반응을 하는 형국이다. 이렇게 방향이 틀어진 교육적 상황 속에서, 성찰을 굳건히 하고, 노력에 즐거움을 느끼고, 양심을 배양하고, 성과를 중시하는 마음가짐이 교육적 상식에 어긋나는 태도로 인정되는 것 같았다. 소비의 법칙이 교육 현장에까지 그 손길을 뻗친 것이다. 모두가, 과거의 것은 기억하지 말고, 오로지 다음 시험에 성공하기 위해서만 배우면 된다. 새로운 지식도 곧 잊히기 위해서 존재하는 망각의 대상일 뿐이다. 존재와 사물을 움직이는 힘과 그 지식 사이의 근원적인 관계를 잊고 있는 것 같았다.

21세기의 문턱에 다다른 이 사회 안에서, 개인주의는 다양한 행위를 설명할 수 있는 요체로 확인된다. 인간조건은 사방에서 공격을 받고 있기 때문에, 개인은 자신이 투영한 에고의 이미지 뒤로 몸을 숨긴다. 개인의 정체성은 실제가 아닌 외양의 정체성이 되는 것이다. 그래서 개인이 자신의 실체를 되찾기 위해서는 이 비인격화와 익명성과 싸워야만 했다.

자신 이외에 기댈 곳도, 설 곳도 쉽게 찾을 수 없었던 이 시대는 공동체의 가치와 기억 위에 세워졌던 거대한 문화의 종말을 보는 듯 했다. 과거의 것은 모두 부정의 정체성으로 간주하는 경향이 지배척이었기 때문에, 이 시대에 살아남기 어려운 상황을 맞게 된다.

퀘벡이 다민족 중심사회라는 것은 새삼스럽지 않은 사실이다. 누벨 프랑스를 건설하면서부터 프랑스인들은 원주민들과 화합해야만 했으며 새로운 민족 풍토가 확립되었었다. 영국정복 이후부터 밀려들어온 영국계 이민자들과 유태인들, 19세기 중엽부터 이주해 온 이탈리아인들, 이차 세계대전을 전후로 퀘벡을 살기 위해서 오대양 육대주에서 건너온 타민족들이 이미 그 광활한 땅에 뿌리를 내리고 있었다. 그래서 퀘벡이 프랑스적 문화의 균질화를 영속시킬 수 있으리라고는 누구도 장담하지 못했을 것이다. 실제로 1970년대의 10년 동안 자민족 중심주의 사회의 소위 불변의 정체성은 붕괴되어 가고 있었다. 퀘벡 정부가 채택한 개인의 자유와 권리에 대한 헌장은 모든 종류의 차별에 종지부를 찍었고, 차별에 대한 사회적 합의를 이루어가는 길을 마련하였다. 페미니스트들은 가부장적 권위를 문제삼았고, 모두가 공동의 이슈를 지닌 소수 그룹, 이를테면 동성애 집단이나 장애인과 노인의 삶의 질을 개선하기 위한 단체들의 목소리에 진정으로 귀를 기울이기 시작했다. 새로운 이민자들의 이익을 보호하기 위한 사회의 관심도 점차 증폭되었다. 집단적 · 민족적 정체성을 과거보다는 현 퀘벡의 새로운 현실 위에 건설하기 위해, 퀘벡 사회는 또 자성에 자성을 거듭하고 그 영토를 나누고 있는 다양하고 조각난 정체성을 발견하기 위해 움직였다. 1980년대에 이러한 운동을 가속시킨 퀘벡은 행복한 미래를 쟁취하기 위해서 이민자들의 사회통합 정책을 결정한다. 이러한 결정은 수많은 문화 집단이 어깨를 나란히 할 수 있는 다양한 사회의 수용을 의미하며, 타인을 사회적으로 경제적으로 유용한 집단의 일원으로 인정하는 것이었다.

표류와 복수주의

퀘벡의 소설은 이러한 현실을 어떻게 받아들였는가? 1970-80년대 초까지 세차게 밀려들어온 위반의 물결이 퀘벡을 덮고 난 이후(몇몇 예술가들은 앞으로 10년 이상 이러한 물결을 탈 것이다), 많은 소설가들은 단절에 대한 순응적 태도를 버리기 시작한다. 《총체적 거부》의 시대가 퀘벡 사회에 뿌리를 내린 이후로, 소설적 흐름도 이전 경향에 대립적 입장에 서 있었다. 하지만 위반 이전의 형식보다도 훨씬 앞으로 전진해야 할 새로운 소설 형식을 가지고 어떻게 더 나아갈 수 있을지 모두가 생각하지 못하였다. 모든 것이 모더니즘의 끝이라고 부를 수 있는 한계에 다다른 듯하였다.

물질주의가 만연하고 에고가 중심을 차지한 이 시대에, 작가들은 시대와 존재의 본질의 궤도로 들어갈 수 있는 방법을 찾는 데 고심한다. 그들은 인간 각자의 개성을 확언하고, 허망한 것에 도취된 동시대인들에게 내적이고 사적이며 일상적인 자아를 돌아볼 것을 촉구한다. 문학적 관점에서 말하자면, 사회와 늘 갈등관계에 있는 "나Je"의 찾기를 주장한 것이다. 이 새로운 서정주의는 다름의 권리를 주장하면서 각자가 자신의 진실과 삶의 의미를 찾기를 권유한다. 페미니스트 작가들에게서 많은 영향을 받은 이러한 문학적 경향은 사적이고 내적인 이야기를 담은 텍스트의 양산을 부추긴다. 이를테면 몽테뉴의 "내 자신이 내 책의 소재다", 소크라테스의 "너 자신을 알라"가 부활한 셈이었다.

자신을 찾는 길이 여러 방향에서 탐구되고 있었지만, 그 길 가운데서 사랑 이야기가 특전을 부여받은 것 같다. 금방 헤어지고 말 피상적인 만남들이 일상생활을 구성하는 진부한 요소, 그러니까 그 몫이 되었기 때문이다. 에로티즘이 삶의 모든 방식과 결합하여 처세술이 된 것이다. 사랑은 이렇게 해서 소비상품처럼 간주된다. 이런 사랑 이야기 속에 놀랍게도 과거는 늘 현장에 있다. 작가들은 과거를 일상의 경험 속에 순환시키면서 이 과거를 지금 여기에 두는 것이다. 과거로의 회귀, 뿌리와 어린 시절로의 회귀는 말할 것도 없이 모두가 자기 정체성—지금은 길을 잃거나 지나친 소비의 미궁 속으로 빠진 정체성—을 지니고 있었던 시절을 환기시킨다. 이러한 정체성의 환기는 퀘벡인들이 지녔던 미국적 정체성의 물음도 포함된다.

자크 풀랭Jacques Poulin의 《폭스바겐 블루스*Volkswagen blues*》의 주인공

은 미국으로의 여행을 통해 삶의 의미를 찾는다. 주인공이 캘리포니아까지 가는 길은 다문화의 기원으로 거슬러 올라가는 여정이 될 것이다. 영국과 프랑스의 식민 지배를 받았던 미 대륙은 유럽의 역사적 침전물이 쌓인 탐험과 발견의 매력적인 장소로 다가온다. 자크 사부아Jacques Savoie의 《회전문*Les Portes tournantes*》은 자아와 그 기원의 탐구를 이야기하며, 인간을 획일화하고 그 인성을 지우려고 하는 모든 기도에 대항하는 소설이 될 것이다. 프랑신 노엘Francine Noël은 《미리암 프르미에르*Myriam Première*》에서 퀘벡의 문화적 정신적 유산의 개념에 페미니스트적 울림을 일으키면서, 1980년대의 일상적인 사회상과 함께 전 세계로 뻗어가는 퀘벡을 이야기 하고 있다. 로베르 라롱드Robert Lalonde는 《흰머리 독수리 새끼*Le Petit Aigle à tête blanche*》에서 자서전을 쓰면서 가장 소중하고 진정한 자아를 추구하는 주인공의 내면세계를 그리고 있다. 그 자아의 탐색은 영국 정복 이전의 "실낙원" 같았던 누벨 프랑스에 대한 향수를 불러일으킬 것이다. 독자들은 루이 아믈랭Louis Hamelin의 《광견병*La Rage*》에서 퀘벡의 문학유산을 책임져야 할 필요성과 조국을 말하기 위해서 낱말들을 찾는 한 민족의 문화적 불안감을 간파할 수 있을 것이다. 모니크 프루Monique Proulx의 《창가의 투명인간*Homme invisible à la fenêtre*》은 "정상과 비정상의" 비정상적인 기준을 통해 현대 서구사회의 해악을 고발하고 있다.

퀘벡 출신 작가들이 소설 공간을 국외 지역으로 확장시키면서 독자들에게 바깥세상의 분위기를 전달해 주는 동안, 이민자 작가들은 타국살이의 일반적인 어려움과 정착과정에서 겪는 내적갈등을 소설에서 말한다. 그래서 유랑과 망명생활의 문제들이 소설의 중심 주제가 된다. 작가마다 개인의 다양한 체험과 바람을 기술하면서, 모국의 사회 · 문화적 뿌리와의 단절에서 오는 고통, 퀘벡 사회와 유지할 수밖에 없는 긴장관계를 심도 있게 다루고 있는 것이다. 다른 곳의 이야기를 이곳에 설정하면서, 이른바 신퀘벡인들néo-Québécois은 퀘벡문학의 지형도를 새롭게 짜며 타인의 말과 시선으로 문화공동체에 대해 보다 더 넓고 열린 사고방식을 전달해 주고 있다.

다니 라페리에르Dany Laferrière의 《어떻게 애쓰지 않고 검둥이와 사랑을 나누는가*Comment faire l'amour avec un nègre sans se fatiguer*》는 두 젊은 흑인의 보헤미안적 생활을 묘사하고 있다. 그들 중 하나인 내레이터는 여성과 다양한 체험을 하면서 남자, 여자, 검둥이 순의 계급화를 논하고 있다. 세르지오 코키스Sergio Kokis의 《거울로 된 빌라*Le Pavillon des miroirs*》는 브라질을 떠나 퀘벡으로 이주해 온 한 브라질 청년의 이야기를 담고 있다. 그가 회상하는 어린 시절의 목소리와 어른이 된 현재의 목소리 사이에서 방황하며 자신의 길을 찾고 있는 한 이방인의 자기 정체성 탐구의 소설이다. 우리의 시대 구분에서는 벗어나지만, 이민자 문학에서 중요한 위치를 차지하는 작품이 있다. 프랑스 작가 레진 로뱅Régine Robin의 《라 퀘베쿠아트*La Québécoite*》(1983)는 프랑스어를 사용하지만 이방인이라는 이유로 침묵을 해야만 하는 퀘벡으로 이민 온 여류 문인이 빼앗긴 자기 말을 되찾기 위해서 글을 쓰며 자기 정체성을 찾아간다는 내용의 소설이다.

이 시기의 주요 소설가와 대표 작품

■ Jacques Poulin1937-

1937년 9월 23일 생-제데옹 드 보스Saint-Gédéon de Beauce에서 태어난 자크 풀랭은 생-조르주 · 니콜레 신학교에서 고전 공부를 한 후, 라발 대학에서 1960년에는 직업지도 학사 학위를, 1964년에는 문학사 학위를 취득한다. 그의 첫 번째 소설 《억만금짜리 나의 말*Mon cheval pour un royaume*》이 1967년에 출판된다. 그의 두 번째 소설 《지미*Jimmy*》는 1969년에 출판된다. 1970년부터 그는 번역작업과 함께 갈수록 호평을 받는 그의 소설들을 출판한다. 1974년에는 《좋은 꿈 꾸세요*Faites de beaux rêves*》로 《라 프레스》지 상을, 1978년에는 극작품 《한사리*Les grandes marées*》로 총독상을, 1984년에는 《폭스바겐 블루스》로 퀘벡-벨기에 상을, 1989년에는 《오래된 슬픔*Le vieux chagrin*》으로 프랑스-퀘벡 상을 획득한다. 1998년 아홉 번째 소설 《들고양이

Chat sauvage》를 출판한 작가는 현재 프랑스 파리에 살고 있다.

폭스바겐 블루스

Volkswagen blues, 1984

자크 풀랭의 여섯 번째 소설인 《폭스바겐 블루스》는 퀘벡 정체성의 문제에 대한 해결을 '혼성적인 것Hétérogène'에서 찾고 있는 작품이다. 국민차라는 의미의 'Volkswagen'과 구슬픈 한탄가인 'blues'는 공히 프랑스어가 아닌 독일어와 영어의 결합이며 통사구조 또한 영미식으로 작품의 혼혈적 성격이 작품의 제목에서부터 암시되고 있다.

작가인 잭 워터맨Jack Waterman은 오래전부터 소식이 끊긴 형 테오Théo를 찾으러 퀘벡의 가스페Gaspé를 출발한다. 도중에 인디언과 백인의 혼혈처녀인 핏세민을 만나 동반하게 된다. "오렌곤 트레일"을 밟는 이들의 여정은 누벨 프랑스 시절의 개척자들의 신화와 아메리카 인디언 부족들의 학살의 이야기를 전한다. 개척자들의 신화는 잭의 자부심을 드높이지만, 인디언 블루스는 사회적 약자이자 주변인marginal인 핏세민Pitsémine의 슬픔을 더한다. 사회의 중심을 차지하고 있는 백인과 이 사회의 타인인 혼혈인은 이 역사적 장막에 의해서 서로의 영역을 분명히 한다. 그러나 이들의 영역은 "로키산맥의 분수령"에 이르렀을 때, 그 구분을 불분명하게 만드는 행위를 벌인다. 이 분수령이 대서양과 태평양으로 흘러 들어가는 수계를 나누고 있듯이, 잭과 핏세민도 이 능선처럼 "수계"를 나누는 일을 벌인다. 그 둘은 사랑 행위를 통해 남성의 그것을 주고 받는다. 새 생명의 탄생에 절대적인 '물'의 공유로 그들은 하나가 되었다. 하나가 되고 난 후 새롭게 태어난 핏세민을 잭은 이렇게 위로한다. "[…] 당신은 새로운 그 무엇, 시작하는 그 무엇입니다. 당신은 여태껏 한 번도 본 적이 없는 그 무엇입니다." 이 "새로운 그 무엇"의 역사는 지금부터 시작된다. 그래서 과거가 없는 이 존재에게 이제는 과거의 아픔이 있을 수 없다.

과거의 소용돌이, 이 정체된 자리를 자신의 역사에서 괄호로 묶기 위해 핏세민은 혼혈인 자신을 인정하기로 결심한다. 이러한 자신과의 화해는 여행의 종착지인 샌프란시스코에서 이루어진다. 샌프란시스코는 무엇보다도 그녀에게 인종간의 장막이 걷힌 도시로 다가왔기 때문이다. "그녀는 여러 인종들이 조화롭게 살고 있는 것 같은 이 도시가 일체성을 형성하고 자신과의 화해를 시도하는데 적합한 장소라고 생각했다." 이 도시에서의 일정기간 체류를 통해 그녀는 백인과 인디언과 그 혼혈이 함께 했던 대륙적인 운명을 받아들여, 이 대륙적인 자아를 찾게 될 것이다.

이 자신과의 화해는 잭에게도 필요했다. 그에게는 수동적이고 내성의 삶에 익숙하고 변화를 거부하는 옛 프랑스계 캐나다인들과 같은 과거의 삶이 있었다. 이 삶은 현재의 작가적 이력에도 그 영향을 미쳐 그를 무능한 존재로 만들었다. 이런 그는 늘 과거의 영웅상을 그대로 간직한 형 테오를 잃어버린 반쪽으로 생각하고 동경한다. 그래서 그는 이 형을 찾으러 먼 길을 나선 것이다. 이 여행은 잭에게 완벽한 작가에 대한 그의 비전을 심어주기도 했지만 그의 어린 시절에 양식이 되었던 형제애의 신화 끝까지 탐험할 기회를 제공한다. 이 탐험을 위하여 그는 가는 길마다 놓인 환멸이란 장애물들을 하나씩 드러내야만 한다. 잭은 테오가 테러리스트였으며 감옥에 수감되었었다는 사실을 알게 된다. 잭은 자신의 죄책감을 극복해야만 한다. 작품을 쓰느라 딴 생각을 못했던 그는 도로 위를 헤매는 형의 고뇌를 생각할 수도 없었던 것이다. 그러나 샌프란시스코에서 만난 형은 마비되었고 프랑스어를 잊고 영어로 말하였다. 자신이 누군지도 모르고 있는 테오는 동생인 잭을 알아보지도 못한다. 과거의 영웅은 완전히 실추되었다. 집단의 행복을 보장하고 그 꿈이었던 영웅의 실추로 인해 누벨 프랑스의 실체로 인식되었던 과거의 신화는 죽는다. 영웅의 사라짐은 잭에게 깨달음을 준다. 이 깨달음은 퀘벡인의 정체성을 찾는 것이고 찾았다. 프랑스계 캐나다인을 역사의 뒤안길로 묻어 두고 "조용한 혁명"과 함께 태어났던 퀘벡인은 완전한 프랑스인이 아닌 북미대륙의 인간 즉 프랑스적인 것과 대륙적인 것의 혼성으로 태어난 인간인 것이다. 잭은 이제 과거에서 벗어나 미래로 가는 길을 알았다. 여행 중 만났던 노벨

문학상 작가인 솔 빌로우Saul Below의 교훈대로 그는 마비되었지만 형을 찾음과 동시에 "모든 사람들을 다 찾게" 되었던 것이다. '타자'에게 마음을 열고 어울려 살 줄 알게 된 지혜를 얻은 그는 이제, 핏세민의 바람대로, "세상 사람들 사이의 관계가 어떻게 돌아가는 것인지" 글로 표현하게 될 것이다.

■ Jacques Savoie1951-

1951년 2월 3일 에드먼스톤Edmundston에서 태어난 자크 사부아는 1972년 몽크톤 대학에서 정치학으로 바칼로레아를 획득한다. 그 후 프랑스의 액-상 프로방스 대학에서 2년간 현대문학을 전공하여 석사학위를 획득한다. 유럽에서 돌아온 그는 첫 시집인 《반 서적 *L'Anti-livre*》을 출판한다. 음악에 심취한 그는 1976년 민속음악에 영감을 받아 보솔레유 브루사르Beausoleil Broussard그룹을 결성한다. 1981년 집필에 전념하기 위해서 무대를 떠난다. 그는 대중영화와 텔레비전 영화용 시나리오를 집필하기도 하였다. 15편의 소설을 쓴 자크 사부아는 《회전문》으로 1985년 프랑스-아카디 상을 받았다. 이 작품은 영화로 만들어졌다.

회전문

Les Portes tournantes, 1984

열 살의 앙투안은 아버지와 함께 넓은 스튜디오에서 산다. 화가인 블로델Blaudelle 씨는 침울한 성격으로 인해 대하기가 쉽지 않다. 앙투안의 어머니인 로다Lauda가 그들 곁을 떠난 것도 이 때문일 것이다. 음악 연주자가 꿈인 앙투안은 "자신의 기막힌 카세트"에 어머니를 위한 피아노 연주곡을 녹음한다. 그의 아버지는 앙투안이 한 번도 본적이 없는 할머니 셀레스트Céleste Beaumont의 "검은 책" 속에 기록된 이야기에 관심을 두고 있다는 것을 전혀 의심치 않는다.

셀레스트 보몽은 아카디 태생이다. 찢어지게 가난한 대가족 틈새에서 자란 그녀는 사춘기가 지나자마자 캠프벨턴Campbellton의 무성영화 극장의 피아니스트로 취직한다. 꿈과 음악이 함께 하는 그녀의 진짜 삶이 시작되는 곳이 바로 이곳이었다. 그 지역 스타가 된 그녀는 하루하루를 권태롭게 살아가는 모든 사람들에게 할리우드 스타들의 찬란한 삶을 이야기해 준다. 그녀는 자신이 만들어낸 이야기를 거의 믿고 있는 듯했다. 그녀의 청중들은 전적으로 그녀를 신뢰했다. 찰리 채플린, 엘시 퍼거슨Elsie Ferguson, 헤롤드 로이드Harold Lloyd, 에드나 퍼비언스Edna Purviance의 이미지가 이 피아니스트의 손끝에서 태어난 재즈음악만큼이나 현실감이 넘쳐난다. 유성영화의 도래로 인해, 그녀의 유명세는 막을 내린다. 셀레스트는 자신이 연주했던 인물에 매혹이 된 한 남자와 결혼한다. 그녀의 남편인 피에르 블로델은 캠프벨턴에서 문방구를 하고 있는 그의 가족 중에서 가장 재능이 없는 사람이었다. 그래서 그런지 그는 부모의 구박덩어리였다. 그는 갈수록 말을 안 하게 되었고 전장에 나가 전사한다. 셀레스트는 시부모에게 자식을 맡기고 뉴욕으로 떠난다. 이곳에서 그녀는 재즈 바이올린 연주자인 파파 존 데블Papa John Devil과 함께 산다. 그녀는 아들 블로델에게 일종의 고백 형식의 일기를 쓰고, 아들은 이 "검은 노트"를 한참 후에나 읽게 될 것이다.

이 일기를 읽고 난 블로델은 아주 오랫동안 억제된 감정을 깨운다. 천둥이 치고 전기 공급에 문제가 생긴 어느 날 저녁, 많은 사람들이 퀘벡 대극장의 회전문으로 돌진한다. 그들은 즉흥 콘서트에 초대를 받았다. 블로델은 파파 존 데블의 바이올린 연주에 맞춰 감동된 눈으로 바라보고 있는 로다 앞에서 아들의 탄생을 상징적으로 표현할 것이다. 이 벅찬 재회의 순간은 아버지 블로델이 잃었던 자신의 정체성을 회복하는 순간이며 진정한 부성에 다가가는 순간이다.

《회전문》에서, 어머니와 아들이란 존재는 일기, 녹음기 그리고 음악과 미술이라는 예술을 통해 결합되고 있다. 소설의 남성들은 침묵 속에 갇혀 있고 그래서 그들의 부인들은 삶의 숨을 쉬기 위해서 그들을 떠난다. 이러한 침묵은 아버지와 자식이란 존재 사이에서도 존재한다. 아버지가 상징적으로 아들을 낳지 않고 아들과의 관계를 재창조하지 않는 이상 이러한 침묵은 영원할 것이다. 그래서 블로델씨는 아버지를 기리기 위해서 세워 놓은 화강암 기념비에 매일 가서 말을 건넨다. 하지만 전쟁 용사는 결코 대답하지 않을 것이다. 사실 블로델씨의 친조부모는 그를 피에르 블로델의 이미지, 우뚝 서있는 기념비 그대로 키우려고 했다. 블로델씨도 쉽게 말문을 열지 못했으니, 어떤 의미에서는 조부모의 교육방식은 성공한 셈이다. 로다는 이렇게 설명한다. "그놈의 침묵 때문에 저는 블로델을 드러내 보이려고 시간을 들였어요. 저는 오랫동안 화강암 벽에 부딪혔습니다. 그이의 말대로 제가 이 고충을 벗어날 때까지 말입니다. 정말이지, 그 사람은 거울에 불과했습니다. 다른 쪽이 없는 거예요. 그이의 붓 뒤에서 제가 발견한 것이라고는 자기 어머니를 필사적으로 찾고 있는 소심하고 나약한 소인뿐이었습니다. 가엾은 블로델!"

블로델이 자라난 배경과 교육과정을 이해하기 위해서는 무덤 저편에서 온 "검은 노트"를 읽어야만 할 것이며, 그의 마음속에서 소리치고 그에게 침묵을 강요한 화강암을 쫓아내기 위해서는 해산의 장면이 필요했던 것이다. 이런 의미에서 《회전문》은 자아와 그 기원의 탐구 소설이며, 인간을 획일화시키고 그 인성을 지우려고 하는 모든 기도에 대항하는 소설이다.

■ **Francine Noël**1945-

프랑신 노엘은 1945년 몬트리올에서 태어났다. 그녀의 초기 소설

《마리즈*Maryse*》(1983), 《미리암 프리미에르》(1987), 《우리 모두가 아메리카를 발견했다*Nous avons tous découvert l'Amérique*》(1990)는 출판 즉시 대단한 성공을 거두었다. 극작가이기도 한 그녀는 《성촉절*Chandeleur*》과 《눈 먼 공주*La princesse aveugle*》를 출판하여, 전자는 1985년 테아트르 도주르디Théâtre d'Aujourd'hui에서 후자는 1995년 몬트리올 소재 퀘벡 대학에서 초연을 하였다. 1969년부터 2001년까지 프랑신 노엘은 몬트리올 소재 퀘벡 대학 연극학과에서 강의를 하였다. 1999년에는 《사생아들의 음모*La conjuration des bâtards*》와 2005년 《내 인생의 여자*La femme de ma vie*》를 출판하였다.

미리암 프르미에르

Myriam Première, 1987

프랑신 노엘의 두 번째 소설 《미리암 프르미에르》는 그녀의 처녀 소설인 《마리즈》의 후속편이라고 할 수 있다. 《마리즈》의 등장인물들이 그대로 《미리암 프르미에르》에 등장하고, 그 관계도 인척 내지 지인관계로 발전하고 있으며 내용의 연속성이 유지되고 있기 때문이다. 퀘벡 사회가 조용한 혁명기의 20여 년간의 세대에 한정되어 있다면, 《미리암 프르미에르》는 이러한 공시성을 넘어서 보다 통시적인 비전의 내용으로 구성되어 있다. 즉, 《마리즈》를 지배하고 있는 마리즈와 마리테 그랑메종Marité Grand'maison의 이야기와, 마리테의 딸인 미리암과 두 할머니인 알리스 라두세르Alice Ladouceur

와 블랑슈 그랑메종Blanche Grand'maison의 이야기가 합쳐진다.

삼대에 걸친 이 여성 집단은 마리즈가 콩트와 드라마를 집필하면서 실천하는 역사의 재독을 통해 훨씬 더 큰 규모의 여성의 힘을 지닌다. 마리즈는 일종의 "육체적 기억"에 기초하여 글을 쓴다. 이 육체적 기억을 통해서 그녀는 가계 존속에 힘써왔던 친조모親祖母들과 다른 여인들의 입장에 선다. 소설 전체에 펴져있지만 불연속적으로 구술되고 있는 그녀의 이야기는 세 개의 시리즈로 구성된다.

첫 번째 시리즈는 미리암의 증조모인 카트린 그랑메종Catherine Grand'maison의 이야기, 금지된 사랑, 미혼모의 사랑, 여성이 인종해야만 했던 고통과 불의의 이야기다. 열여덟의 처녀인 카트린은 신분이 달라서 교제가 금지되었던 한 청년과 함께 고향을 떠난다. 이 두 연인은 1908년 몬트리올에 정착하고 오귀스틴이란 딸을 낳는다. 그러나 전쟁이 발발하고 남편은 전장으로 떠난다. 그리고 전사한다. 그녀의 현실적 행복은 멈춘다. 그러나 그녀의 이야기는 딸의 이야기로 계속된다. 딸의 이야기는 1920년대 퀘벡 여성들에 대한 학대의 비판으로서 기능한다. 현재 열여덟인 카트린의 딸 오귀스틴은 임신을 했다. 그녀의 남자는 그녀를 버린다. 카트린은 이 사생아를 함께 돌보겠다고 제안한다. 하지만 남편도 없이 수인囚人 구제회에서 아이를 낳은 그녀는 당시 한 수녀에 의해 처벌을 받는다. 어머니의 곁을 떠나야 했던 그녀는 그녀에게 고통을 참으라고 명했던 수녀들에 둘러싸여 죽는다. 오귀스틴의 해산을 보고 싶어 했던 카트린은 자기 딸을 "르클레르 양"이라고 부르며 딸의 소식을 묻는다. 사실 수인 구제회에서는 미혼모의 성을 바꿀 수 있었다. 미혼모를 보호하려는 의도도 있었지만, 입양의 경우 실제 어머니의 흔적을 지우기 위해서 성의 변경이 가능하였던 것이다. "르클레르 양이 어디 있는지 알려주세요." 수녀가 대답한다 "어느 르클레르 양 말씀이신가요. 오늘 제 리스트에는 스물 두 명의 르클레르 양이 있는데." — "미혼모의 이름이 모두 같다는 말씀이신가요." — "그렇습니다." — "제 딸아이는 오귀스틴이라고 하는데…" — "그 이름은 없습니다." 딸의 이름마저 바뀌었던 것이다. 모든 미혼모가 하나의 성을 가지고, 이름만이 그들을 구별할 수 있는 유일한 장치인데, 그것도 그녀들의 것이 아니었다. 이러한 관습은 그야말로 인간에게 굴욕적인 악행이었다. 이 대화가 비록 작가의 상상력의 산물이라 할지라도, 미혼모들에게 그녀들의 정체성마저 빼앗아간 이 잔혹성은 사실 1920년대 퀘벡의 이미지와 흡사하였다. 이러한 관행은 "죄지은 여인들"을 말소하려는 한 방법이기도 하였다. 이 장면은 이 소설의 정치적 성격을 말해준다. 이중의 효력을 겨냥한 성의 나눔, 그것은 미혼모들의 정체성을 없애는 행위일 뿐만 아니라, "르클레르"란 성이 세상 모든 여인들, 학대받는 모든 미혼모들의 성을 대변하는 것이다. 그래서 마리즈가 하는 이야기는 정치적, 국민적, 페미니스트적 함의를 가지고 있다. 이 이야기의 내용과 행위, 즉 그것을 말하는 행위, 그것을 여성에서 여성으로, 한 세대에서 다음 세대로 전하는 행위 속에 그 함의가 있는 것이다. 여성과 국민이 결합하여 서로 융화하고 의존하는 지점이 바로 여성과 여성, 세대와 세대 사이의 의사소통이다. 다시 쓴 퀘벡의 여성사를 신세대 특히 미리암에게 전달하는 것은 "항상 제로에서 다시 시작하지 않으려는" 의지의 표현임은 말할 것도 없다.

두 번째 시리즈는 1839년 아일랜드에서 건너 온 메리 오설리번 Mary O'Sullivan의 가난한 삶의 이야기를 담고 있다. 매 맞는 여자, 메리는 마리즈의 조상이자 분신이다. 이 가족사는 "생-로랑 강의 동서지역, 아일랜드 사람과 순수 캐나다 사람들을 뒤섞어 놓았다". 순수 혈통을 거부하고 사는 지역을 뒤섞어 놓기는 마리즈가 상상한 공동사회의 독창성과 그 힘을 상징하고 있다. 이를 통해 마리즈는 아일랜드인자 퀘벡인인 자신의 존재를 정당화 할 수 있었다. 프랑신 노엘이 퀘벡의 프랑코폰의 정체성을 강화하기 위해서 아일랜드 사람들의 이야기와 몬트리올 사람들의 이야기를 병합한 것은 국가 공동체의 기억에 대한 재구성을 알리는 여성주의적인 역사적 시각을 증거하는 것이다.

소설 전체를 관통하는 세 번째 시리즈는 알리스 라두세르와 그녀의 어머니인 오렐리Aurélie가 그 주인공이다. 학교 선생님인 알리스

미쇼와 일 베르트île Verte에 새로 온 형사 라두세르의 금지된 사랑 이야기가 세 번째 이야기의 내용을 이룬다. 마리즈는 학교 선생님을 20세기 초 지적인 여성이 할 수 있는 유일한 직업으로 평가한다. 마리즈는 미리암에게 그녀의 증조모인 오렐리가 결혼을 하고 임신을 했는데도 어떻게 수업을 할 수 있었는지를 이야기한다. 오렐리는 클로파 마이유Clophas Mailloux와 프라제 자매les Fraser 같은 섬 처녀들에게 관심이 있었다. 미리암이 새로 등장한 인물에 대해서 묻자, 마리즈가 설명한다. "섬의 집집마다, 서로 다른 이야기들이 있단다." 몬트리올이 종종 퀘벡 전체를 대표한다면, 일 베르트는 몬트리올 시와는 대조적으로 국가의 또 다른 환유적 의미를 지닌다. 이 섬에는 이야기해야 할 수많은 미혼모들의 아픔이 서려 있기 때문에, 퀘벡 역사의 새로운 정보들이 산재해 있는 곳이다. 마리즈의 이야기는 점점 증가해 가고, 여성을 다룬 이야기들은 이 세상에 있는 이야기들만큼이나 많아진다. 퀘벡 여성들의 아픈 역사의 증인이 된 미리암은 이렇게 해서 국가적 양심과 여성의 의식이 융화된 행복한 존재로 재탄생한다. 마리즈의 콩트를 전달하는 내레이터가 된 미리암은 이제부터 망각과 과거 지우기에 대항하여 싸울 것이다. 초자연적인 능력과 미래를 예견하는 힘을 지닌 미리암은 미래의 여성 공동체, 여성 공동체의 미래를 구현할 것이다.

1983년 5월에 시행된 후기 국민투표 부결 이후 퀘벡이 빠진 진퇴

유곡에 맞서서, 여성 등장인물들은 퀘벡이 보전해야 할 공동체의 기억과 집단적 가치의 전달을 책임진다. 프랑신 노엘의 것이기도 한 마리즈의 계획은 퀘벡 여성사의 개방적이고 복수적인 해석을 목표로 한다. 이 목표는 리오넬 그루Lionel Groulx가 생각했던 것처럼, 과거는 "우리의 주인"이 아니라, 그때까지 억압되고 잊혀진 여성의 문화를 재건하고 재구성하는 방법이라는 사실을 주지시키는 것이다. 다시 쓰기의 계획은 결국 미리암에게 전수된 유산이며 미리암이 그녀의 후대에게 전달해야 할 유산이다. 미리암이 상상할 퀘벡은 과거에 대해 복수적 해석을 하고 여성의 힘을 국가의 꿈에 병합시킬 때 밝은 문화적 미래가 보장된다는 사실을 암시하면서, 이 도전에 활력을 불어넣는다.

■ Robert Lalonde1947-

1947년 7월 22일 오카Oka에서 태어난 로베르 라롱드는 생트-테레즈 신학교에서 미술학과 바칼로레아를 취득한다. 그 후 3년 동안 몬트리올 국립 극예술학교에서 공부한다. 1970년 연기대상을 수상한 그는 장학금을 받고 1년 동안 미국과 유럽에서 경험을 쌓는다. 극예술 교수, 배우, 무대 연출가, 텍스트 각색, 소설가 등 다방면에서 정력적으로 활동한다. 라롱드는 많은 소설작품을 썼다. 1981년 《무시무시한 공포*La Belle épouvante*》로 로베르 크리슈Robert Cliche 상을,

1982년 《인디언들의 지난 여름*Le Dernier été des indiens*》으로 장-마세Jean-Macé 상을, 1985년 《미리 보낸 멋진 하루*Une belle journée d'avance*》로 파리-퀘벡 상을, 1988년 《아버지의 광기*Le Fou du père*》로 몬트리올 대상을 획득했다. 《흰머리 독수리 새끼》는 1994년 캐나다 총독 상과 1995년 프랑스-퀘벡 상 등 두 차례에 걸쳐 수상한다. 라롱드는 퀘벡 문인협회 회원으로 활동 중이다.

흰머리 독수리 새끼
Le Petit Aigle à tête blanche, 1988

소설은 이젠 세상에 없는 시인들에 대한 헌사로 시작한다. 이 시인들은 "폐허와 진창의 숲에서 나온 무염의 존재"로 은유된다. "폐허와 진창의 숲"은 오늘의 숲이다. 이렇게 변하기 전에는 순결하고 울창했다. 주위 환경의 변화에 상관없이 시인들은 늘 순수하고 깨끗했던 존재다. 현재 자서전을 쓰고 있는 주인공 오베르Aubert의 생각일 것이다. 오베르도 국민시인으로 세례를 받았다. 순결한 시인의 향수는 당연히 마음의 고향인 프랑스로 향한다. 프랑스는 그의 영혼을 구제해 줄 수 있는 잠재적인 안식처다. 다행히도 그는 그곳에서 향수를 치유하고 돌아온다. 하지만 문제는 현재와 미래다.

오베르의 일생은 퀘벡의 조용한 어느 마을에서 시작된다. 그는 신비한 숲의 퀘벡뿐만 아니라 평온한 벌판의 퀘벡까지 온 퀘벡을 답파한다. 그는 신학교에서 공부하고, 가르치며, 시를 출판하고,

꿈의 도시 파리에서 체류한다. 작가의 생애는 20세기의 역사를 관통한다. "대암흑기"와 제이차 세계대전을 지나 조용한 혁명기를 체험한다. 그는 마을의 작은 수도원에서 시를 쓴다. 시인은 질식할 것 같은 신앙생활을 피하기 위해 숲으로 피신하지만 두 번이나 광증발작을 일으키고 감금된다. 그는 이렇게 해서 전쟁을 까맣게 잊고 자신의 의지와는 상관없이 청년혁명연맹의 대변인이 된다. 그의 죽음은 국민시인으로서 그의 영광과 헌신을 빛낼 것이다.

오베르의 일생이 암시하듯이 《흰머리 독수리 새끼》는 자연과 문명의 결합을 시도한다. 이러한 시도는 기원으로의 회귀와 문명을 옛 탐험가들의 신화에 병합하면서 고독에서 벗어나려는 하나의 방법이다. 오베르는 물론 문명의 세계 밖에서 편안함을 느꼈다. 그가 동경하는 세계는 원시자연이 살아있고 사회갈등의 해결책을 줄 수 있는 곳이다. 그래서 그의 글쓰기도 자연회귀와 연결된다. 문명세계를 상징하는 도시는 출판과 강연과 환멸의 장소일 뿐이다. 따라서 그의 텍스트는 처녀지, 루소의 철학 즉, 《고독한 산책자의 몽상》의 은신처의 철학, 선량한 미개인의 철학을 찬양한다. 루소의 은둔지는 볼테르의 낙원처럼 지상낙원이란 토포스의 현대적 비전이다. 이 지상낙원은 성서에서 신의 말씀을 추구하는 기독교, 마호메트교, 유대교 등 삼대 일신교의 상상의 세계와 공통의 특징을 지닌다. 최초의 정원에 대한 개념은 인도의 성서와 그리스의 헤스페리데스Hespérides와 샹젤리제Champs Élysées 신화 속에서도 나타난다. 이 모두가 지복이 넘치는 단 하나의 장소를 되풀이하고 있는 것이다. 오베르는 이것을 "옛 마을", "매혹적인 부락"의 "빨아들이는 아름다운 정원"이라고 부른다. 파리에서 돌아온 후, 그는 유럽의 향수를 거부하면서 이 정원을 현재와 미래에서 찾는다. 이 정원은 이렇게 해서 역사적이고 정치적인 크기를 확보한다. 이 정원은 영국정복 이전의 역사적 황금시대인 것이다. 이 충만함의 세계를 되찾기 위해서, 이제 무엇인가를 현재에 불러내야만 하는데, 다른 한편 무엇인가 결함이 있다는 사실을 부정할 수가 없다. 오베르가 확실히 알고 있는 것, 오베르가 파리에서 "구세계舊世界에 대한 허무한 감정에 사로잡힌 채" 납득한 것은 그가 "죽음이 의기양양하게 지속되는 도시 안의 묘석처럼 불행하다는 것이다". 결함은 "허무", "죽음", "노쇠"와 같은 소멸을 상기시키는 어휘 속에서 밝혀지고 있다. 그는 더 이상 파리에서 실낙원을 여는 열쇠를 찾지 않을 것이다. 이 열쇠는 그의 고국에서 찾아야만 한다. 도처에서 이 낙원을 찾아 헤매다 그는 결국 자기 마음속에서 발견한다. 그는 무엇보다도 삶이 곧 작품인 시인이었던 것이다. 그가 헌사에서 사라진 시인에게 경의를 표하면서 에밀 넬리강Émile Nélligan, 생-드니 가르노Saint-Denys Garneau, 클로드 가브로Claude Gavreau 등 퀘벡을 빛낸 시인들을 그의 작품 곳곳에서 언급하였던 것도 이러한 시인의 운명에 대한 예견일 것이다. 시인은 예술가가 아닌 건국자다. 최초의 인간인 그는 바로 "사람들을 교정教正하는" 사명을 지녔다. 그는 거부할 줄 알고 사회와 그 시대를 가장 엄격하게 판단하고 비판하는 능력의 소유자다. 세상사람 모두에게서 월계관을 건네받을 자는 바로 그다. 시인은 고귀하고 순수하다. 그래서 그는 독수리다. 바위 산 가장 높은 곳에 둥지를 틀고 가장 힘센 놈만이 세상을 굽어보는 그 독수리는 사회를 낙원으로 이끌어야 할 안내자인 것이다. 그러나 그는 미래도 준비해야 한다. 모두가 세상을 뒤흔들고 있는 문제들에 대해 구체적인 해결책을 이 시인에게 구한다고 해도, 이 예언가는 그 해결책을 궁구하면서 그의 본능을 계속해서 따라야 할 것이다.

■ Louis Hamelin 1959-

1959년 모리스Maurice에서 태어난 루이 아믈랭은 맥길 대학에서 생물학을 전공하고 몬트리올 소재 퀘벡대학에서 문학 석사학위를 취득하였다. 1989년 출판된 그의 첫 소설 《광견병》은 퀘벡 문학사에서, 위베르 아캥의 《다음 에피소드》와 레장 뒤샤름의 《세상이 버린 여자》 이상으로 내용과 형식 면에서 혁신적 기법을 선보인 작품으로 평가받고 있다. 아믈랭은 이 작품으로 총독 상을 수상한다. 그 후 그는 《동요된 귀신*Ces spectres agités*》(1991), 《카우보이*Cowboy*》(1992), 《베스티 라루스*Besti Larousse*》(1994) 등 세 편의 소설을 출판

했다.

광견병

La Rage, 1989

이 소설의 내레이터이자 주인공인 에두아르 말라르메Édouard Mallarmé는 미국인 작가 헨리 소로Henry Thoreau가 그랬듯이, 자연에서 살면서 글을 쓰기 위해 도시를 탈출한다. 하지만 그가 정착한 곳은 비행기가 부단히 이착륙하는 미라벨Mirabel 공항 지역이었다. 에두아르는 풀포드Pullford로의 주기적 방문을 통해 루소식의 자기 고독감을 표현하곤 했는데, 풀포드에서 그는 당구, 핀볼, 록음악의 즐거움에 빠지게 된다. 전투적인 공산주의자이자 민족주의자이며 환경 보호론자인 그는 1980년 퀘벡 분리 독립의 실패에 따라 무기력감에 빠졌던 수많은 젊은 남녀들처럼 만사에 무관심하며 환멸을 느꼈다. 그럼에도 불구하고 그는 미라벨이 대표하고 피수용자被收用者들이 옹호하게 될 산업기술사회의 상징에 대항해서 돈키호테식의 십자군 전쟁에 투신할 것이다. 크리스틴Christine에게 사랑의 감정을 느낀 그는 영국인에 대한 반감을 또한 드러낼 것이다. 영국계 대학을 다녔고 아메리칸 드림에 동화된 그의 연적이 에두아르에게 위협을 가하기 때문이다. 그의 행위상의 모순은 계속된다. 에두아르는 대학교육과 전공공부의 의무를 거부했지만, 결국 맥도날드 컬리지의 품으로 돌아왔으며, 바데른 교수에게 그의 연구에 참여할 것과,

광견병 면역 이론에 대한 연구로 석사학위 논문을 쓸 것을 약속한다. 친구인 조니Johnny가 죽자, 그는 늑대와 여우의 상징적 모습에 매혹돼 동물계를 책임지겠다고 나서며 자연과 수용지역의 재탈환을 기도한다. 말의 존재인 그는 이렇게 해서 자연과 문화 사이의 갈등을 스스로 짊어지게 된다.

이와 같은 존재의 모순과 이중성은 수용이 낳은 어떤 형태의 결과였다. 《광견병》을 여는 사건은 1960년대 말 미라벨에 국제공항을 건설할 목적으로 3,200여 명의 부동산 소유권자의 토지를 수용한데서 비롯되었다. 이 계획은 시작부터 그 규모의 비대함으로 인해 강한 저항에 부딪쳤다. 캐나다 정부는 88,000에이커의 토지를 주문했는데, 사실, 역사가 증명한대로, 80,000에이커면 충분했었다. 많은 농부들이 그들의 땅에서 쫓겨났고, 소유자의 신분에서 연방정부의 토지 차용자로 전락한 자들도 있었다. 크리스틴의 가족도 후자에 해당되었다. 이러한 결정은 두 가지 층위에서 설명이 가능하다. 하나는 조상이 물려준 땅에 대한 퀘벡인들의 지독한 애착에 대한 경멸이요, 그들의 무지를 증거하는 것이고, 둘째로 토지수용지역이 공교롭게도 '향토소설'로 유명해진 예전 동캐나다의 역사적 사건이 벌어진 장소인 것이다. 이 드라마는 한 세대의 박탈감이라는 문맥 속에서 그 후 십오년간 계속된다.

자신의 직업과 연구를 포기한 에두아르는 작가로서의 길을 선택한다. 이러한 선택은 도전과 수용지 재탈환의 몸짓이었다. 그는 광활한 토지 소유자인 부르주아씨 소유의 집 한 채를 불법으로 차지하면서 불법 거주자가 된다. 그는 공항주변의 금지구역에 잠입함으로써 연방정부 권력에 도전하는 쾌락을 즐기고 있다. 에두아르는 책이라고는 사전 한권만을 가지고 그 집에 정주하며 언어의 성공적 실험을 바란다. 그의 수고본은 결국 폐기될 것이기 때문에, 이 실험이 끝나면 어떤 흔적도 남지 않을 것이다. 그는 이 실험을 위해 자신의 문학적 추구와 정체성 찾기에 거울이 될 수많은 작품들과 작가들을 인용한다. 《여우 이야기》에서 세르반테스, 셰익스피어, 사드, 루소, 고골, 밀러, 소로, 셀린, 생텍쥐페리, 헤밍웨이, 잭 케루악Jack Kerouac 등의 외국 작가들과 클로드 앙리 그리뇽, 펠릭스 르클레르Félix Leclerc, 앙투안 제랭-라주아, 레장 뒤샤름 등의 퀘벡작가들까지, 급증하는 텍스트들의 인용이 내레이터의 지적 편력과 그 의도를 알려준다. 다양한 서술층위에서 사용되는 상호 텍스트성은 분산된 이데올로기적 담론들과 위기에 처한 정체성을 조절하는 기능적 장치로 사용되고 있는 것이다. 다시 말해 토지 수용을 주제로 한 《광견병》의 상호 텍스트성은 글쓰기와 정체성과 국토 사이의 관계를 재정립하게 해주는 작가의 전략적인 우회로이자 텍스트의 생명이다. 아믈랭의 텍스트가 도시 자본주의와 기술적 진보에 대항해 전개되는 '향토소설'의 전통을 부활시키려고 한 것은 따라서 복고주의의 표현이 아니다. '향토소설'에 대한 지지자이자 전복자로서 《광견병》은 미국식이 되어버린 퀘벡 사회 속에서 민족적·국가적 정체성과 그 가치의 보존 장소로서 글쓰기와 영토의 문제를 제기하고 있는 것이다.

주권 국가와는 달리 퀘벡은 아직 정체성 논쟁을 끝내지 못했다. 그 태생부터 유럽과 북미 대륙의 문화적 영향을 수용해야만 했던 퀘벡이 프랑스적 정체성만을 고집하기란 사실 쉽지 않은 일이다. 그래서 모자이크 문화의 전형으로 인식되어 온 퀘벡에 타자의 문제는 문학 작품에서 늘 현황처럼 다루어져 왔다. 그 결과 타자의 수용으로서의 텍스트의 인용은 삶 그 자체와 밀접한 관계를 갖는다. 공동체의 정체성 탐구가 프랑스의 문학적 모델과 퀘벡의 현실 사이에서 분열된 문학, 유럽과 북미 대륙을 그 기원으로 하는 문학적 탐구와 분리될 수 없는 것도 바로 이러한 이유 때문일 것이다. 퀘벡의 문학적 유산과 북미 대륙의 문화적 영향을 수용할 필요성, 점점 멀어져가는 조국의 개념과 빼앗긴 영토를 말하기 위해서 말과 표현을 찾고 있는 한 민족의 문화적 불안정은 바로 독자들이 읽어내야만 할 《광견병》의 문학적 근거다.

■ Monique Proulx 1952-

1952년 1월 17일 퀘벡 시에서 태어난 모니크 프루는 라발 대학에서 문학과 연극으로 바칼로레아를 취득한다. 프루는 극작 활동을 했으며 몬트리올 소재 퀘벡 대학에서 프랑스어를 가르쳤다. 그녀의 소설 《별들의 섹스*Le Sexe des étoiles*》는 영화로 만들어지기까지 하였는데, 프루 자신이 각색하여 시나리오를 썼다. 이 작품은 1994년 오스카 상 외국어 영화 부문 경쟁작에 올랐다. 그녀의 극작품 《신사숙녀 여러분, 애국가 제창이 있겠습니다*Mesdames et messieurs, l'hymne national*》와 《초록색 쥐의 일생*Vie et mort des souris vertes*》은 퀘벡 라 보르데La Bordée 극장에서 상연되었다. 그녀는 중편소설집 《냉혹하고 나무랄 데 없는*Sans coeur et sans reproche*》으로 1983년 아드리엔 쇼케트Adrienne-Choquette 상과 데자르댕Desjardins 문학상을, 1984년에는 몬트리올 신문협회 대상을 수상한다. 그녀의 세 번째 소설 《창가의 투명인간》은 1993년에 퀘벡-파리 상을, 1994년에는 퀘벡 서적연합회상과 데자르댕 문학상을 획득한다. 그녀는 현재 퀘벡작가협회 회원으로 활동 중이다.

창가의 투명인간
Homme invisible à la fenêtre, 1993

화가인 막스는 불의의 교통사고로 하반신이 마비된다. 삶의 의미를 그림에 쏟아 부은 그는 그 후 거의 아파트를 나오지 않는다. 광적인 그의 붓질은 이제 화폭을 해부된 인간으로 채운다. 화가는 화폭에 담겨진 거리의 행인들, 그의 작업실을 찾는 상처받은 영혼들을 꿰뚫어 본다. 그는 이 아름다움으로부터 예기치 않은 감정의 외침을 들으려고 한다. "이건 얼마나 완벽한지 모르는 육체에서 훔쳐온 초상들이야." 소용돌이치는 불꽃 색조 속에서 솟아나는 간헐천이요 분산된 육체였다. 불타오르는 머리를 한 황갈색의 두상들, 이글거리는 두 눈, 불붙은 두 팔, 소진燒盡되고 있는 두 다리, 분출하는 성기들의 모습이었다. 마치 온 몸을 화염으로 휘감은 듯한 화법은 표현주의 기법을 환기시키고 있으며, 이 주인공의 마음을 움직이는 유일한 화법이었다. 인간의 자아, 화가의 주체성은 이렇게 해서 "주의 깊은 관찰자"를 끌어들이는 예술, 표현주의를 통해서 그 절정에 이른다. 고유의 화법으로 인간조건의 본질을 연구했던 막스가 미적 체험을 통해 얻은 결과였다.

이 소설은 그 구조에 있어서도 "막스적"인 탐구를 한다. 각 장은 사지가 절단 난 초상들의 컬렉션처럼 분할되고 있다. 이 행렬이 끝나는 지점에는 부조화의 신체기관들이 모두 집합한 완벽하게 보이는 실체, 재건된 자화상이 서 있을 것이다. 하지만 이 자화상의 기관은 온전히 본인의 것이 아닐 것이다. 그럼에도 불구하고 일종의 혼종교배로 된 이 실체는 아주 독창적인 존재 그 자체가 될 것이다. "이 거대한 화폭 아래에는 다른 사람들이 숨겨놓은 남자, (…)나 일수 있는 의자 위의 물건이 있다. 그러나 나는 이 의자 위에 있지 않다. 나는 거대한 화폭 속에 서 있다. 나는 율리우스 아인호른의 순수한 토르소 위에 얹어진 마기의 햇빛 받은 머리를 하고, 한 번도 죽지 않았던 모르티메의 성기, 쥘리엔의 뼈마디 굵은 두 손, 폴린의 두 팔, 로렐의 강건한 두 다리를 가지고 있었다." 예술의 독창성은 미를 창조하기 위한 근본적 행위다. 그래서 "나"는 미로 구성된 상상 속의 존재다. 실재 존재들의 부분 복합체인 "나"가 미일 수 있는 것은 자연의 산물이며, 그러므로 도처에 있지만 어디에도 없는 "신"과 같기 때문이다. "나"는 예술의 목적 그 자체다.

막스의 창조력은 그의 진정한 이미지를 반사하지 않거나 타인의 시선을 통해 굴절되는 모든 형태의 거울과의 싸움에서 집중된다. 사실 이러한 거울들과 싸움을 하고 있을 때에, 진정으로 검토되는 것은 바로 우리 모두의 지각작용이기 때문이다. "내 말대로 하는 것이 이로울 걸. 정상적인 육체는 흰색이고, 성장한 몸이고, 이성애를 지향하고, 남성적이고, 기독교도적이어야 해. 그리고 생산능력이 있어야 하고." 이러한 기준 때문에 타인의 시선을 의식하고 살아야 하는 "비정상적인" 존재에게 출구가 없는 것은 아니다. 그는 항상 이타성이란 인본주의적 실천을 우리 정상인들에게 일깨우는 존재일 수 있기 때문이다. "투명성 증후군은 그렇게 괴로운 것이 아니다. 타인이 우리를 괄태충括胎蟲처럼 노려보고 있거나 반대로 그 시선을 황급히 거둘 때[…], 우리가 그런 증후군에 걸린다는 것을 알고 있다. 인간의 능력을 비정상인과 조용히 대적하도록 시험하는 것은 위험한 일이다." 막스는 반사된 이미지들을 조각낼 때마다, 그것을 재구성하여 완전한 형태로 재창조하는 것을 꿈꾼다. 거울의 새로운 단계가 창조되는 것은 바로 이때이며, 이 단계에서 인간은 재구성의 능력을 향유하는 것이다. 반대로 막스와 형제 이상의 관계를 유지하고 있는 영원한 친구 제랄드 모르티메Gérald Mortimer는 파괴적 행위를 즐긴다. 무질서한 그의 조각 작품들은 괴물들의 카니발 행렬 속에 살아있는 존재로 변한다. 모르티메의 눈에는 "끔찍한 것, 가장 끔찍한 것만이 보인다". 그에게 예술은 "추할대로 추한 것과의 경쟁"이며 아름다움은 "관념적인 병"에 다름 아니다. 막스의 사고당시 그는 운전대를 잡고 있었고, 겉으로는 멀쩡했지만, 친구의 중상으로 그는 완전히 정신적 파괴 상태에 있었다. 이 파괴적 행위의 원인이 된 것이다.

소설 전장에 걸쳐서, 막스는 과거의 삶을 죽이기에 전념한다. 그가 맞은 편 건물에 사는 전생의 여인(그의 생각이다), 레이디Lady를 보았을 때 이러한 현실이 극명하게 드러난다. 작가인 레이디는 밤마다 그에게 전화를 한다. 그녀의 이야기 속에 등장하는 두 연인은 레이디와 막스다. 이들의 사랑은 욕망의 주위에서 맴돈다. 그들의 욕망을 불멸의 것으로 만들기 위해 그들은 영원히 욕망의 가장자리를 벗어나지 못할 운명을 인고할 것이다. 막스는 어느 날 아침 용맹한 전사의 기운을 느낀다. 어둠을 뚫고 그 둘을 갈라놓은 공간을 무력화시킬 수 있을 것만 같다. 하지만 그가 발견한 것은 상상의 향기일 뿐이다. 여자는 또다시 그를 떠났다. 그러나 남이 아닌 자신의 서사시를 추구하면서, 그는 새로운 뮤즈, 오래전부터 찾아 헤맸던 빛깔을 발견한다. "붉은색을 탄 어두운 갈색. […] 그것은 발효하는 대지의 열기다. 그것은 주관적 미美가 된 추함, 육체가 진흙에서 빠져나와 삶을 시작하기 위해 필요로 하는 색깔이다. […] 나는 눈을 감는다. 나는 몸을 일으키는 육체에 생명을 준다. 나는 싸워야할 암흑이 있는 도처에서 산자들의 빛을 본다. 나는 살아있다."

바로 이것이 프루 소설의 프리즘을 통과한 편견의 파괴다. 해체, 파괴, 죽이기는 정상일 수 없는 정상의 편견에 대한 도전임이 분명하다. 따라서 자신을 포함한 타인의 시선에 대한 모든 고찰은 우리도 모르는 사이 그렇게 된 시각 장애자인 우리, 우리의 시야를 확장시킬 수 있을 것이다.

■ Régine Robin1939-

소설가이자 수필가이며 언어학자이자 사회학자이며 사학자인 레진 로뱅은 1939년 프랑스 파리에서 태어나 고등사범학교에서 수학했다. 1963년 역사학으로 아그레가시옹을 획득한 레진은 1963년부터 디종 고등학교에서 교편을 잡았고, 1968년 파리10대학에서 강의를 하였다. 1989년 파리 고등 사회과학원에서 역사학으로 국가박사학위를 취득한다. 그녀는 1977년 퀘벡으로 이주하여, 몬트리올 주재 퀘벡대학교에서 사회학 교수를 역임한다. 그녀는 또한 하버드 대학교와 파리 고등 사회과학원 초빙교수를 역임한다. 그녀는 《사회학 연구*les Cahiers de recherche sociologique*》지에서 문학부문 특집호 책임을 맡았으며 《나선》지, 《문단*Paragraphes*》지, 《거꾸로*Vice & Versa*》지의 공동 창간자였다. 유태인인 레진은 카프카의 문체에 심취하여, 카프카에 바치는 두 작품, 《카프카—유태인의 문체와 언어의 감정*Kafka : écriture juive et sentiment de la langue*》(1983)과 《문학 텍스트의 수수께끼/카프카*L'Énigme du texte littéraire/Kafka*》(1989)를 출판하였다. 1983년 출판한 《라 퀘베쿠아트*La Québécoite*》는 그녀의 유일한 소설 작품이다. 1986년 수필 《사회주의자의 리얼리즘—불가능한 미학*Le réalisme socialiste : une esthétique impossible*》으로 총독상을, 2001년에도 역시 수필 《베를린 작업장*Berlin chantiers*》으로 몬트리올 시 출판사 협회 대상을 수상했다. 현재 퀘벡문인협회 회원으로 활동하고 있다.

라 퀘베쿠아트

La Québécoite, 1983

라 퀘베쿠아트는 퀘벡에 이민 온 외국인 여자를 뜻하는 퀘벡식 말이다. 공동체 의식을 담보하는 공통의 언어를 사용한다고 해도 라 퀘베쿠아트는 외국인일 뿐이다. 외국인이라는 한계 때문에 그녀는 침묵하고 살아야만 한다.

《라 퀘베쿠아트》의 내레이터는 폴란드 유태인 출신의 여성이다. 그녀는 파리에서 태어나 성년이 되어 퀘벡으로 이민 온다. 그녀는 고통스러웠던 그녀의 과거와 외국인이 적응하기 어려운 퀘벡 사회의 장막을 이야기한다. 새로운 환경이 이 외국인 이민자에게 배타적이라는 것은 그렇게 놀라운 일이 아니다. 무엇보다도 언어, 풍습, 풍토, 타인들의 시선으로 인해 그녀가 편안하게 들어갈 공간이 이 사회에는 마련되어 있지 않다. 그래서 이 이민자의 이야기에서 정체성의 문제를 깊이 파헤치기 위해서는 어떻게 이 타자가 지배 그룹과 그 공간을 생각하고 있는가를 검토해 볼 필요가 있다. 이 문제는 아주 중요하다. 사실, 타자는 지배 그룹의 윤곽을 분명히 이해하고 나서야 자기 정체성을 규정할 수 있기 때문이다. 다시 말해 지배 그룹의 주요한 특징을 알고 난 다음에야 그 그룹과 자신과의 차이를 인식할 수 있다는 것이다. 그리고 이민자 이야기의 경우, 지배 그룹과 관계를 맺으면서 타자가 욕망하는 것을 검토하는 것 또한 중요한 문제다. 이것은 그가 공동체의 일원이 되겠다는 희망을 품고 공동체의 것과 다른 자기의 것을 버리겠다는 의지의 문제이기 때문이다.

소설의 주인공은 마치 독자가 몬트리올 거리를 걷고 있다는 느낌을 줄 정도로 이 도시를 상세하게 묘사한다. 과거에 그녀가 살았던 장소와 몬트리올의 차이를 분명하게 못 박기 위해서, 내레이터는 대로와 소로 등의 거리 이름뿐만 아니라, 카페, 대형 상점, 식욕을 당기는 음식냄새, 수많은 거리의 산책자, 은행이름 등을 거침없이 묘사해 간다. 이러한 묘사로 인해, 이 인물이 이 도시와 그 문화의 주인공처럼 여겨진다. 하지만 이 도시에 대한 애정과 깊은 지식에도 불구하고, 내레이터는 퀘벡 사회와 자신이 분리되어 있다는 느낌을 지우지 못한다. 그래서 그녀는 항상 다음과 같은 문구를 되새긴다. "나는 남이다", "나는 이곳 사람이 아니야". 주인공의 소외현실은 먼저 그녀가 유태인계 프랑스인이기 때문에 퀘벡의 문화, 역사, 전통, 종교, 그리고 어떤 측면에서는 퀘벡인들의 언어도 공유할 수 없다는 사실에 기인한다. 즉, 이러한 분리 상황을 만든 실체는 지배 그룹과 멀어져 있다고 느끼는 "나"다. 내레이터는 또한 이 "나"를 그 사회의 문화적 공간에서 배척하고 있는 장본인으로서 "우리", 닫힌 퀘벡 사회를 고발하고 있기도 하다. "이민자는 퀘벡사람이 되지 못한다." 그녀가 퀘벡사람이 되지 못하는 것은 첫째 말의 문제에 있다. "너는 말을 하지 못할 것이다. 목소리는 내지 못하고, 봉인되어 있다." 둘째로 라 퀘베쿠아트는 권력의 장소에 입장할 수 없다. "너는 여기서 학자나 지식 전문가가 되지 못한다는 것을 곧 알게 될 것이다. [···] 너는 거의 언제나 쫓겨나고 거절당하고, 패배하고 다시 일어설 것이다."

그래서 "나" 와 "우리"가 배척한 주인공이 설 자리는 아무 데도 없다. 사실 그는 태어나면서부터 남이었지 않은가? 폴란드는 부모가 태어난 곳이었으며, 프랑스도 그녀에게 온전한 고향이 아니다. 그녀는 프랑스에 이민 온 가족의 딸이었기 때문이다. 그녀가 늘 남이라고 느끼는 퀘벡은 더더욱 아니다. 그러나 고국이 없기 때문에 내레이터는 자기 정체성의 중요한 영역인 언어를 놓지 않고 있었다. "[…] 너는 언제나 언어를 곁에 두고 있었다. 때로는 게르만어, 때로는 히브리어, 때로는 슬라브어 소리가 나는 발음을 하고 살았다." 그래서 그녀는 이 이디시어의 기호들이 자신의 어린 시절, 어머니, "자신의 유일한 고향"의 기호들이라고 말한다. 그녀가 살아야 할 고장은 바로 전통이 넘쳐나는 이 언어의 공간이며 자기 정체성을 확인할 수 있는 곳도 이 언어의 공간일 것이다. 결국 주인공의 타인 의식은 자신이 유태인이라는 사실과 이러한 유태인의 현실조건을 역사 안에 새기려는 의지에서 비롯된 것이다. 홀로코스트를 암시하는 내레이터의 독백은 이러한 관점에서 중요한 의미를 지닌다. "언어 속에서 어떤 위치를 찾는 것이 가능한 일일까? […] 발언을 하는 것. 무슨 발언을 한단 말인가? 입을 다문다? 또 다시 굴욕을 견뎌야 하는가? 또 다시 별을 달아야만 하는가?" 게다가 내레이터가 쓰고 있는 소설 속의 인물이 대학에서 역사를 가르치고 있고, 이 액자소설의 또 다른 인물인 모르트르 이멜파르Mortre Himmelfarb도 역사학과 교수이며 가짜 메시아에 대해서 연구하고 있다는 사실 또한 의미심장하다.

타인이란 개념을 축으로 서술되고 있는 이 소설은 퀘벡이라는 현실 공간에 유태인 태생의 인물이 동일화될 수 없으며, 더구나 이 인물이 자신의 기원과 정체성을 재건할 수 없음을 설명하고 있다. 그래서 라 퀘베쿠아트는 "어떤 나라에서도 온전히 살 수 없고", 조국을 잃은 채 영원히 방랑 생활을 해야 하는 운명을 지닌 여성 혹은 남성의 전형인 것이다.

■ Dany Laferrière1953-

1953년 4월 13일 아이티의 포르 오 프랭스Port au Prince에서 태어난 다니 라페리에르는 《르 프티 사므디 수아*Le Petit Samedi soir*》지와 라디오-아이티 앵테르Radio-Haïti Inter에서 기자 생활을 하였다. 독재자의 통치로 생명에 위협을 받은 그는 친구였던 가스테르 레몽Gaster Raymond의 죽음으로 1976년 망명을 결심하고 퀘벡으로 떠난다. 9년 뒤인 1985년 출판된 《어떻게 애쓰지 않고 검둥이와 사랑을 나누는가》는 자민족 중심주의, 성 문제, 지배자와 피지배자 등의 주제로 퀘벡문학 풍토에 커다란 파장을 일으켰다. 베스트셀러가 된 이 소설은 여러 나라 언어로 번역되었으며 영화로 제작되기까지 하였다. 1987년 출판된 《에로시마*Éroshima*》는 그렇게 큰 문학적 파장을 일으키지 못했다. 1991년의 《커피의 향기*L'Odeur du café*》는 그에게 카

라이브의 카르베 상le prix Carbet de la Caraïbe을, 1993년의 《처녀들의 취향*Le Goût des jeunes filles*》은 에드가-레스페랑스 상le prix Edgar-l'Espérance 수상의 영예를 안겨 주었다. 그 외의 소설로는 《검둥이 청년 손에 쥐어진 이 수류탄은 무기인가 과일인가?*Cette grenade dans la main du jeune Nègre est-elle une arme ou un fruit?*》(1993), 《미친 새들의 소리*Le Cri des oiseaux fous*》(2000) 등이 있다. 그는 현재 퀘벡 문인협회 회원으로 활동 중이다.

어떻게 애쓰지 않고 검둥이와 사랑을 나누는가

Comment faire l'amour avec un nègre sans se fatiguer, 1985

이 소설은 몬트리올 생-루이 광장에 살고 있는 두 흑인 청년의 일상을 이야기 하고 있다. 그 둘 중 하나인 내레이터는 문학에 심취해서, 동거인과 함께 사는 이야기를 소설로 쓰고 있다. 다른 하나인 부바Bouba는 "검둥이에다 단순하고", "긴 의자에 누어서 하는 일 없이 시간을 죽이거나, 아니면 명상을 하거나, 코란을 읽거나, 재즈를 듣거나, 기회가 되면 섹스를 한다". 그 둘은 "더운 여름 날 여자들을 꼬이러 다니고 서로 동정한다".

"검둥이", "재즈", "섹스", "코란"은 새로운 카스트 사회에서 자기 정체성을 찾는 검둥이란 이 소설의 주제와 관련하여 논의해 볼 만하다. 검둥이란 단어는 흑인을 속되게 이르는 말로 적어도 미국에서는 타부에 가깝다. 더구나 제목의 위치에서 알 수 있듯이, 검둥이 남자는 섹스의 주체가 아닌 욕망의 대상 혹은 도구처럼 취급되고 있다. 검둥이란 정체성은 전적으로 타인, 즉 백인들의 시선을 전제하는 것이다. 이 타인의 시선은 또한 시몬 드 보부아르가 그의 작품에서 했던 유명한 말을 패러디한 마지막 장의 제목에서 흑인들의 정신적 상처를 남기고 있다. "검둥이로 태어나는 것이 아니라, 검둥이가 되어 가는 것이다." 타인의 시선은 검둥이를 만들기 위해 흑인에게서 그의 인간성을 부정한다. 거부된 것은 무엇보다도 흑인의 개성이다. "모두가 흑인을 말한다. 흑인은 한 종種이다. 개인은 존재하지 않는다." 타인의 시선 아래서 흑인은 동물적인 기능만이 있고 지적인 능력은 갖추지 못한 하급 인간인 것이다.

이 두 흑인이 즐겨 듣는 재즈와 블루스는 미국 흑인들과의 동일화 과정을 암시하고 있다. 이 음악을 통해 흑인들의 일상생활과 그들의 노예상태를 비교적 상세하게 묘사하고 그들의 역사를 환기하면서, 내레이터는 그가 소설 속에서 주로 참조하는 백인의 미국을 멀리한다. 하지만 바로 이 지점에서 두 개의 정체성이 교차한다. 그가 던지는 다음과 같은 의문은 그러한 딜레마를 제대로 요약하고 있다. "자신의 뿌리를 자르지 않고 어떻게 해서든지 백인이 되려하는 검둥이의 극심한 고통을 누가 이해할 수 있겠는가?" 이러한 내레이터의 고충은 이중의 정체성을 한꺼번에 획득할 수 없는 시련의 표현인 동시에, 공동체에 동화되고자 하는 의지의 발현이기도 하다.

이 작품에서 두 검둥이가 실천하는 "섹스"는 검둥이의 특성에 대한 일반적인 견해와 관계가 깊다. 물론 그 특성은 흑인의 관점에서 백인들이 지니고 있는 편견일 것이다. 특히 이 작품에서 자주 언급되는 상투적인 문구는 "대단한 섹스꾼 검둥이"이란 표현이다. 내레이터도 "섹스만 생각하는 동물적이고, 원시적이며 야만적인 검둥이의 신화"를 의심하지만, 다른 한편으로 타인의 시선이 규정한 이 편견 아닌 편견을 놓고 놀이를 하고 있다. 이 놀이는 영국계 백인 처녀를 대상으로 한다. "앵글로 색슨계의 공주를 흑인의 노예"로 만들 생각을 하면서, 내레이터는 백인 아메리카 대륙 식민주의자들의 권력을 목표로 한다. 퀘벡에서는 이러한 권력이 소수 영국계 주민들에 의해서 항상 행사되고 있었다. 맥길 대학은 그 보루 중 하나였다. 내레이터의 그러한 생각은 "아메리카 대륙의 백인 검둥이인" 프랑스계 주민들에게 부분적인 승리를 가져다주는 현상일 것이다. 즉, 이 백인 검둥이들이 영국계 여인들을 이용하는 다른 소수 민족을 바라봄으로써 막대한 보상을 받는다는 생각을 할 수 있다는 의미다. 그래서 대상의 위치에서 대상을 연기하는 내레이터는 지배자의 위치에 있다고 인정받는 백인 여성과 사회적 관계-지배자와 피지배자의 관계를 전복할 생각을 한다. "유태·그리스도 교도인 이 여자는 바로 나의 아프리카다." 그러나 백인 여성과의 섹스를 통해서 백인들이 저지른 과거의 인종차별과 부당한 행위를 복수하려는 내레이터의 의지는 다른 한편, 백인과 흑인의 사회적 위치를 바꿈으로써 남성에 의한 여성의 지배라는 가부장적인 이데올로기를 내포하고 있다는 인상을 지울 수가 없다. 가부장적 이데올로기는 적어도 이차 세계대전 이후의 퀘벡 소설이 꾸준하게 고발했던 퀘벡 사회가 놓아야 할 과거의 보수적 끈이 아니었던가?

내레이터의 이중적 정체성의 태도, 그의 보상의 욕망에서 나온 의도와 이 의도의 예기치 않은 결과 사이에 나타난 모순은 그가 소설 속에서 여러 번 인용하는 코란의 사용에서도 드러나고 있다. 내레이터는 회교신앙과 자신의 행위 사이의 모순을 분명하게 인정한다. 백인 여성들에게 매력을 느끼면서도, 그는 이렇게 신앙심을 발휘한다. "그들이 알라 신과 사도와 코란을 믿었었더라면, 이교도들의 연합을 절대 추구하지 않았을 것이다. 어쨌든 그들은 타락한 자들일 뿐이다(코란 5장 84절)". 북아메리카 대륙의 문명에 이끌릴 때도 마찬가지다. "미국! 미국! 미국! 언젠가 우리는 나라마다 중인을 만들어 놓을 것이다. 그때가 되면 우리는 이교도들을 용서하지 않을 것이고, 그들은 절대 환영받지 못할 것이다(코란 16장 87절)". 코란의 개입으로 인해, 흑인과 백인의 적대 관계는 삼중 관계로 뒤바뀌고 있다. 회교도는 서양사회, 특히 북미 사회가 이단시하는 타자의 전형이기 때문에, 흑인의 경우 달갑지 않은 이러한 위상을 지닐 필요가 없을 것이다. 그러나 흑인이 다수의 백인 사회 속에 동화되지 않으려고 한다면, 타락한 자들에게 엄격한 경전이 되는 이타성異他性의 전형 코란에 매달릴 필요가 있기 때문이다.

타인의 시선에 의해 검둥이인 자신을 인식하면서도, 그는 흑인과 백인의 문화를 필요에 따라 선택함으로써 타인의 시선에서 완전히 해방되지 못하였다. 그는 다름과 차이의 경험에서 멈추었던 것이다. 그러나 다니 라페리에르는 이 경험 끝에 1993년의 소설《검둥이 청년 손에 쥐어 진 이 수류탄은 무기인가 과일인가?》에서 첫 소설을 회고하며 이렇게 외칠 것이다. "나는 더 이상 검둥이 작가가 아니다." 자아와 타자 사이에 존재하는 복합적인 관계를 분명히 언급하면서, 라페리에르의 이 작품은 퀘벡문학에 자기 영역을 확보한 아이티의 목소리와 퀘벡 소설에 타인의 목소리를 모르는 척 흡수한 백인의 관점과 구분될 것이다.

■ Sergio Kokis1944-

1944년 5월 6일 리우데자네이루에서 태어난 세르지오 코키스는 불우한 어린 시절을 보냈다. 부랑 죄로 아홉 살 때부터 감화원의 생활을 체험해야만 했다. 그러나 그의 향학열은 리우의 미술학교에서의 공부를 지속시켰으며, 그 후 철학을 공부하게 된다. 1963년부터 그는 군사독재정권에 대항하여 비밀리에 각종 정치활동에 참여한다. 국가혼란 죄로 기소되어 재판을 받기도 했다. 1966년 철학사 학위를 획득한 그는 장학금을 받고 프랑스에 유학했으며, 1969년 스트라스부르 대학에서 심리학 석사학위를 받는다. 그해 캐나다로 이주하여 가스페의 정신병원에서 심리치료사로 일한다. 1973년 몬트리올 대학에서 심리학 박사학위를 취득하여, 몬트리올 소재 퀘벡대학에서 심리학 교수로 재직한다. 1973년부터 그는 몬트리올의 미술학교에서 미술을 공부하였으며, 1975년부터는 회화와 집필에 전념한다. 그는 《거울로 된 빌라》로 1994년 퀘벡 문예 아카데미 몰슨 상을, 1995년 퀘벡-파리 상과 퀘벡 살롱 뒤 리브르의 데자르댕 상을 수상하였다.

거울로 된 빌라

Le Pavillon des miroirs, 1994

《거울로 된 빌라》는 자전적 소설이다. 브라질 출신의 내레이터는 몬트리올에서의 이민생활을 바탕으로 고국에서의 어린 시절과 청년시절의 추억을 회고하고 있다. 내레이터는 25년 동안이나 몬트리올에서 생활해 왔음에도 불구하고, "이방인", "추방자", "망명자"라는 어휘를 자주 사용하며 이방인의 위치를 벗어나지 못하고 있는 자신을 한탄한다. 하지만 그가 "망명자의 존재"로 살고 있는 것은, 지배그룹에 의해 소외당하고 있다는 느낌을 받아서가 아니다. "내가 사귀고 있는 사람들은 내가 이방인라는 것을 기억하지 못하는 것 같다." 사실 그의 직장 동료들은 그에게 한 소개모임에의 참여를 권유했었다. 이 모임은 일반인들로 하여금 외국인들의 실생활에 관심을 가지게 하는 데 그 목적이 있었다. 내레이터가 자신도 외국인이라고 설명을 해보았지만, 동료들은 그저 농담이라고만 생각했었다. 이 타인의 소외감이 지배그룹의 배타적 시선에서 비롯된 것이 아니라면 과연 어디에서 연유하는 것일까? 내레이터는 항상 자신과 지배사회를 나누고 있는 차이 때문에 항상 거리 유지가 필요했었다.

먼저 그의 소외감은 타인이 자신을 바라보는 시선이 아니라 그가 자신이 속해 있는 사회에 던진 시선에서 발생한 것이었다. 내레이터는 퀘벡 사회에 부정적이고 희화적인 시선을 던진다. 퀘벡 사회는 "필요 없는 물건들을 충동적으로 구매하는" 소비사회다. 그에게 이 풍요한 "북방의 나라"는 "낭비와 지배력과 허영의 나라"다. 권태와 공허감과 무능함이 이 나라 도처에 퍼져 있다. "타락한 정치와 스포츠 말고도 공허에 대한 두려움이 페스트성의 암영처럼 퍼져있는" 것이다. 그를 사로잡았던 시각 예술도 더 나을 것이 없다. "그가 보는 박물관은 의미 없고, 숨 막히는 외침, 소심한 몸짓, 조루로 가득하고, 똥과 침으로 요란스럽다." 그가 선택한 나라의 모든 것은 겨울의 나라답게 음산하고, 단조로우며, 권태롭고, 불모 상태였다. 그의 시선 아래서 이 나라 사람들은 "정념의 난쟁이"로 희화되고 있으며, 일상적이고 평범한 상업 활동도 비현실적이고 괴상망측하기 짝이 없다.

부정적이고 희화적인 그의 시선은 이제 그의 어린 시절의 추억과 결합하여 그의 진정한 이타성을 만들어낸다. 그의 두 번째 소외감의 원인이 이렇게 해서 형성된다.

내레이터는 지금의 현실을 살고 있지만 늘 그 속에서 부재해 있다는 의식을 가지고 있다. 이십여 년 이상 몬트리올에서 살고 있었지만 그는 항상 과거에 거의 온몸을 걸치고 있다. "내가 현재에 주의를 한다고 해도, 그것은 언제나 현재를 과거의 이미지와 대비하면서 그러는 것이다." 새로운 나라에 적응할 수 없기 때문에 그는 현재 다른 공간에 살고 있다. 그가 느끼는 추방자의 감정을 만드는 것은 따라서 현재와 분리된 자신, 세상 속에 부재한 자신이다. 새로운 나라에 대한 그의 인식이 과거의 이미지에 여과됨에 따라 이 나라에 동화되는 일은 무척이나 힘겨운, 아니면 불가능한 일이다. 이렇게 해서 내레이터는 박탈감, 고통, 비탄의 감정에 휩싸이게 된다. 결국 내레이터는 그 사회의 기준과 관습을 받아들이지 않고, 자신을 완성하기 위해 하나의 선택을 한다. 자신의 "삶을 되찾기"위한 이 선택은 과거의 형상으로 빚어진 예술적 창조다. 과거의 이미지에 귀를 기울이면서 그는 자신의 전 재산과 시간을 이 창조 활동에 바친다. 시간이 흐르고 경험이 지속되면서, 창조된 그의 작품들은 갈수록 커지고 그 수가 늘어나서 그의 작업실을 완전히 뒤덮는다. 예술적 사명감으로 시작된 이 창조 활동은 말할 것도 없이 애도의 작업인 동시에 재생의 작업이다. "요컨대, 이 이미지들은 초월적인 것을 만질 수 있는 내가 알고 있는 유일한 형태다." 부재했던 그가 예술적 창조를 통해서 세상의 수면 위로 떠오른다. 세상에 나타남은 세상의 현실에 동화되겠다는 의지의 표현이다. 그러나 이 의지에는 명백한 한계가 있다. 그의 그림들은 예외 없이 과거의 이미지들로 집요하게 짜여졌다. 그는 과거에서 벗어나려 하지 않았다. 내레이터의 이타성은 그의 정체성이 되었고, 그는 그의 망명자적 존재를 영속시킬 수밖에 없다. 그의 예술은 그를 세상 속으로 집어넣었지만, 그는 기억의 인간이며 그런 인간으로만 남을 것이다.

참고문헌

소설 작품

Aquin (Hubert), *Prochain épisode*, Montréal, Leméac, 1992.

Aubert de Gaspé fils (Philippe), *L'influence d'un livre*, Montréal, Bibliothèque québécoise, 1995.

Aubert de Gaspé père (Philippe), *Les anciens canadiens*, Montréal, Bibliothèque québécoise, 1988.

Beauchemin (Yves), *Le Matou*, Montréal, Québec/Amérique, 1981.

Bessette (Gérard), *La bagarre*, Montréal, Cercle du Livre de France, 1969.

____, *Le libraire*, Montréal, Cercle du Livre de France, 1968.

Blais (Marie-Claire), *Une saison dans la vie d'Emmanuel*, Montréal, Boréal, 1991.

Chauveau (Pierre-Joseph-Olivier), *Charles Guérin*, Montréal, Fides, 1978.

Conan (Laure), *Angéline de Montbrun*, Montréal, Bibliothèque québécoise, 1980.

Doutre (Josephe), *Les fiancés de 1812*, Montréal, Réédition- Québec, 1973.

Ducharme (Réjean), *L'avalée des avalés*, Paris, Gallimard, 1994.

Gérin-Lajoie (Antoine), *Jean Rivard le défricheur* suivi de *Jean Rivard économiste*, Montréal, Hurtubise HMH, 1977.

Girard (Rodolphe), *Marie Calumet*, Montréal, Bibliothéque québécoise, 1990.

Godbout (Jacques), *Salut Galarneau!*, Paris, Seuil, 1967.

Grignon (Claude-Henri), *Un homme et son péché*, Montréal, Stanké, 1977.

Guèvremont (Germaine), *Le survenant*, Montréal, Fides, 1974.

Hamelin (Louis), *La Rage*, Montréal, Éditions XYZ, 1989.

Hébert (Anne), *Le torrent*, Montréal, Hurtubise HMH, 1989.

Hémon (Louis), *Maria Chapdelaine*, Montréal, Bibliothéque québécoise, 1994.

Kokis (Sergio), *Le Pavillon des miroirs*, Montréal, Éditions XYZ, 1994.

Laberge (Albert), *La scouine*, Montréal, Typo, 1993.

Lacombe (Patrice), *La terre paternelle*, Montréal, C.-O. Beauchemin & Valois, 1993.

Laferrière (Dany), *Comment faire l'amour avec un nègre sans se fatiguer*, Montréal, VLB éditeur, 1985.

Lalonde (Robert), *Le Petit Aigle à tête blanche*, Paris, Seuil, 1994.

Langevin (André), *Poussière sur la ville*, Montréal, Cercle du Livre de France, 1953.

Larue (Monique), *Les faux fuyants*, Montréal, Québec/Amérique, 1982.

Lemelin (Roger), *Les plouffe*, Montréal, Cercle du Livre de France, 1968.

Major (André), *Le cabochon*, Montréal, Typo, 1989.

Noël (Francine), *Myriam Première*, Montréal, VLB éditeur, 1987.

Ouellette-Michalska (Madeleine), *La maison Trestler ou 8e jour d'Amérique*, Montréal, Bibliothèque québécoise, 1995.

Panneton (Philippe) (dit Ringuet), *Trente Arpents*, Paris, Flammarion, 1991.

Poulin (Jacques), *Volkswagen blues*, Montréal, Leméac, 1988.

Proulx (Monique), *Homme invisible à la fenêtre*, Montréal, Boréal, 1993.

Renaud (Jacques), *Le cassé*, Montréal, Typo, 1990.

Robin (Régine), *La Québécoite*, Montréal, XYZ éditeur/Typo, 1993.

Roy (Gabrielle), *Bonheur d'occasion*, Montréal, Boréal, 1993.

Savard (Félix-Antoine), *Menaud, maître-draveur*, Montréal, Bibliothéque québécoise, 1990.

Savoie (Jacques), *Les portes tournantes*, Montréal, Boréal, 1990.

Taché (Joseph-Charles), *Forestiers et voyageurs*, Montréal, Boréal, 2002.

Tardivel (Jules-Paul), *Pour la patrie*, Montréal, La Presse, 1978.

Thériault (Yves), *Agaguk*, Montréal, Quinze, 1981.

Villemaire (Yollande), *La vie en prose*, Montréal, Les Herbes Rouges, 1980.

퀘벡 문학사

Beaudoin (Réjean), *Naissance d'une littérature : Essai sur le messianisme et les débuts de la littérature canadienne-française (1850-1890)*, Montréal, Boréal, 1984.

Cassista(Claude), Chamberland (Roger), Myette(Jean-Pierre), Simard (Jean) et Weinmann, *Littérature québécoise : Des origines à nos jours*, Montréal, Hurtubise HMH, 1996.

Laurin (Michel), *Anthologie de la Littérature québécoise*, Anjou, Les Éditions CEC, 1996.

LeBlanc (Léopold) et Dionne (René), *Anthologie de la Littérature québécoise*, Tome I, Montréal, L'Hexagone, 1994.

Marcotte (Gilles), Hébert (François), Dionne (René) et Poulin (Gabrielle), *Anthologie de la Littérature québécoise*, Tome II, Montréal, L'Hexagone, 1994.

Mailhot (Laurent), *La littérature québécoise*, Montréal, Typo, 2003.

퀘벡 소설 연구

1) 단행본 및 모음집

Allard (Jacques), *Le Roman du Québec*, Montréal, Québec/ Amérique,

2000.

Arguin (Maurice), *Le Roman québécois de 1944 à 1965*, Montréal, L'Hexagone, 1989.

Boivin (Aurélien), *Pour une lecture du roman québécois : De* Maria Chapdelaine *à* Volkswagen blues, Québec, Nuit blanche, 1996.

Beaudoin (Réjean), *Le roman québécois*, Montréal, Boréal, 1991.

Bosse (Evelyne), *Joseph-Charles Taché(1820-1894) : Un grand représentant de l'élite canadienne-francaise*, Québéc, Editions Garneau, 1971.

Deschamps (Nicole), Héroux (Raymonde) et Villeneuve (Normand), *Le mythe de* Maria Chapdelaine, Montréal, Les Preses de l'Université de Montréal, 1980.

Harvey (Robert), *Une écriture de la Passion*, Montréal, Hurtubise HMH, 1982.

Kwatwrko (Jozef), *Le roman québécois de 1960 à 1975 : Idéologies et représentations littéraires*, Longueuil, L'Univers du discours, 1989.

Lafortune (Monique), *Le Roman québécois : Reflet d'une société*, Laval, Mondia, 1985.

Lamontagne (André), *Le roman québécois contemporain*, Montréal, Fides, 2004.

Lemoine (Roger), *Les Classiques canadiens*, Montréal, Fides, 1972.

Lintvelt (Jaap), *Aspects de la narration : Thématique, idéologie et identité*, Québec/Paris, Nota bene/l'Harmattan, 2000.

Paterson (Janet M.), *Figures de l'autre dans roman québécois*, Québec, Nota Bene, 2004.

Tremblay (Roselyne), *L'écrivain imaginaire : Essai sur le roman québécois(1960 -1995)*, Montréal, Hurtubise HMH, 2004.

Vich (Árpád) , *L'écriture Maria Chapdelaine*, Sillery, Septentrion, 2002.

Questions d'histoire littéraire : Mélanges offerts à Maurice Lemire, Québec, Nuit blanche, 1996.

"Anne Hébert et la modernité", *Les Cahiers Anne Hébert*, No. 2, Sherbrooke, Fides, 2000.

2) 아티클

Allard (Jacques), "Avant-texte pour demain : Prochain épisode d'Hubert Aquin", *Littérature*, No. 66, mai 1987, pp. 79-90.

____, "Le libraire de Gérard Bessette ou comment la parole vient au pays du silence", *Voix et images du pays*, vol. I, *Cahiers de Sainte-Marie*, 1967, pp. 51-62.

Andrés (Bernard), "Le texte embryonnaire ou l'émergence du littéraire au Québéc : 1764-1815", *Québéc Studies*, No. 15 (automne-hiver), 1992-1993, pp. 67-76.

____, "Le trou dans La terre paternelle", *Voix et Images*, vol. II, No 3, avril 1977, pp. 365-373.

Couillard (Marie), "Une parole qui dérange : La Québécoite de Régine

Robin", *Lettres québécoises*, No 31, automne 1983, pp. 26-27.

Deschamps (Nicole), "Les Anciens canadiens de 1860. Une société de seigneurs et de va-nu-pieds", *Études françaises*, vol. I, No. 3, 1965, pp. 3-15.

Lacroix (Yves), "Lecture d'Agaguk", *Voix et Images*, vol. V, No. 2, hiver 1980, pp. 245-269.

Lazaridès (Alexandre), "Du roman au mythe : Essai sur l'imaginaire dans Salut Galarneau!", *Voix et Images*, vol. VI, mars 1973, pp. 65-87.

Le Moine (Roger), "Le sang bleu de Menaud", *Cultures du Canada français*, No 1, automne 1984, pp. 11-32.

Lemire (Maurice), "Bonheur d'occasion ou le salut par la guerre", *Recherches sociographiques*, vol. X, No. 2, janvier-avril 1965, pp. 23-35.

L'Hérault (Pierre), "Volkswagen Blues : Traverser les identités", *Voix et Images*, 43(automne), 1989, pp. 28-42.

Mailhot (Michèle), "Les faux fuyants de Monique LaRue", *Lettres québécoises*, No. 36, hiver 1984-85, pp. 18-19.

Major (Robert), "Le Survenant et la figure d'Eros dans l'oeuvre de Germaine Guèvremont", *Voix et Images*, vol. II, No. 2, décembre 1976, pp. 195-208.

Milot (Louise), "Les portes tournantes de Jacques Savoie", *Lettres québécoises*, No 35, automne 1984, pp. 17-18.

Mitterand (Henri), "Coup de pistolet dans un concert : Une saison dans la vie d'Emmanuel", *Voix et Images*, vol. II, 3, avril 1977, pp. 407-417.

Pascal (Gabrielle), "La nature comme symbole", *Lettres québécoises*, No. 70, 1993, pp. 16-17.

Paterson (Janet M.), "A la source de l'énigme : Le Torrent d'Anne Hébert", *Tangences*, No. 50, mars, pp. 7-19.

Piette (Alain), "Un homme et son péché : l'innocence avarice ou le masque idéologique", *Voix et Images*, vol. IV, No. 1, sept. 1978, pp. 107-126.

Poulin (Gabrielle), "Le père est mort ; vive le parain! Le matou de Yves Beauchemin", *Lettres québécoises*, No. 23, automne 1981, pp. 17-20.

Weiss (Jonathan M.), "Une lecture américaine de Volkswagen blues", *Études françaises*, vol. XXI, No. 3(hiver 1985-1986), pp. 89-96.

정상현, 〈19세기 퀘벡 소설에 나타난 정체성의 문제〉, 《프랑스 문화예술연구》 8권 1호(제 16집), 2006.

____, 〈거부된 아메리카니테Américanité : *Maria Chapdelaine*〉, 《불어불문학연구》 제68집(겨울), 2006.

____, 〈안 에베르의 소설 《카무라스카*Kamouraska*》의 단절과 향수의 과거〉, 《프랑스 문화예술연구》 9권 1호(제 19집), 2007.

기타

Boucahrd (Gérard) et Lamonde (Yvan), *Québécois et Américains*, Montréal, Fides, 1995.

Cambron (Micheline), *Une société, un récit : Discours culturels au Québec (1967-1976)*, Montréal, l'Hexagone, 1989.

Dislocation et permanence, sous la direction de Caroline Andrew, Ottawa, Les Presses de l'Université d'Ottawa, 1999.

Dumont (Fernand), *Genèse de la société québécoise*, Montréal, Boréal, 1996.

Hamelin (Jean) et Provencher (Jean), *Brève histoire du Québec*, Montréal, Boréal, 1997.

Nepveu (Pierre), *L'écologie du réel. Mort et naissance de la littérature québécoise contemporaine*, Montréal, Boréal, 1999.

Pelletier (Jacques), *Littérature et société*, Montréal, VLB éditeur, 1994.

____, *Le poids de l'histoire*, Québec, Nuit blanche, 1995.

Simon (Sherry), *Fictions de l'identitaire au Québéc*, Montréal, XYZ éditeur, 1991.

정상현

고려대학교 불어불문학과 및 동 대학원을 졸업하고, 프랑스 아미앵의 피카르디 대학교에서 〈Le questionnement moral chez Diderot〉로 박사학위를 받았다. 디드로에 관한 다수의 논문이 있으며, 《부갱빌 여행기 보유》, 《입 싼 보석들》을 번역하였다. 현재는 퀘벡 소설에 관심을 가지고 그 역사와 미학을 연구 중이다.

퀘벡 소설의 이해

초판 발행	2007년 5월 30일
초판 1쇄	2007년 5월 30일
지은이	정상현
펴낸곳	고려대학교출판부 www.kupress.com kupress@korea.ac.kr 136-701 서울특별시 성북구 안암동 02-3290-4230, 4232 Fax 923-6311
찍은곳	한국컴퓨터인쇄정보

ISBN 978-89-7641-611-7 03890

값 9,000원